今日から変わる！

はじめてのインテリア風水

林 秀靜 監修

はじめに

　今日、日本では、風水という言葉が広く知られるようになり、多くの人が風水を意識するようになりました。「風水ってよく分からないけれど、マンションや家の内部を整えることで開運できたらいいなあ」と思ったことはありませんか？

　最近の住宅メーカーのアンケートでは、マンションや家の風水が気になる、できれば風水のよい家に住みたいと思う人の割合は、６割以上という結果が出ました。つまり、日本人の半数以上が風水に興味があるということです。

　風水の発祥地は中国。古代中国人は、大地のエネルギーは、「風に吹かれると散じてしまい、水によってそ

こにとどまる」という法則を知っており、それらの法則を墓地選びや自分たちの生活に取り入れて、一族の繁栄を祈ったのが風水の始まりです。

風水は、何千年もの歴史のなかで育まれてきた選地術であり、住まいの善し悪しを判断するための技術の集大成というわけです。

本書は、難しい技術は抜きにして、「風水に興味があり、模様替えやプチ改造で、手軽にこれから風水を始めたい！」と思っている女性に贈る一冊です。

身の回りの環境を整えることは身近な開運の始まりです。風水を実践するたびごとに、新たな幸運を実感することでしょう。皆さんの人生に、より多くの喜びと幸せが訪れることを心よりお祈りいたします。

林 秀静

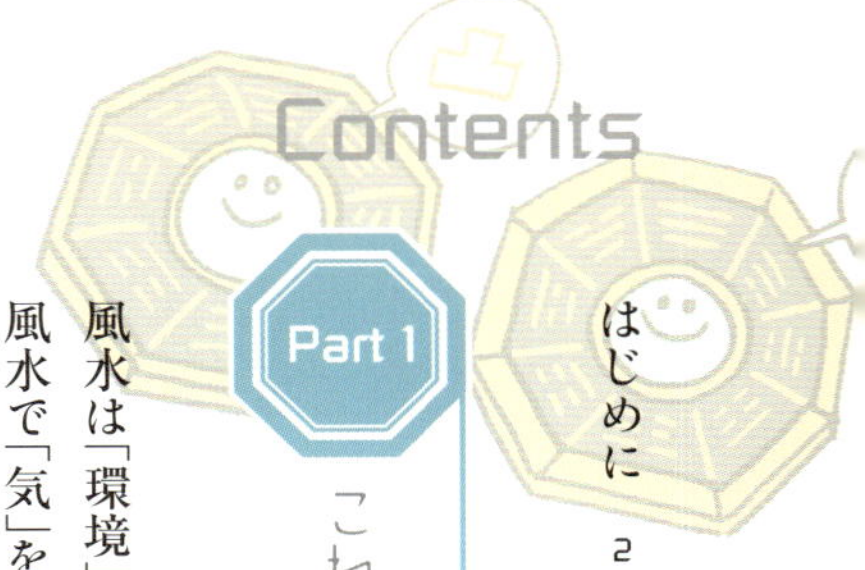

Contents

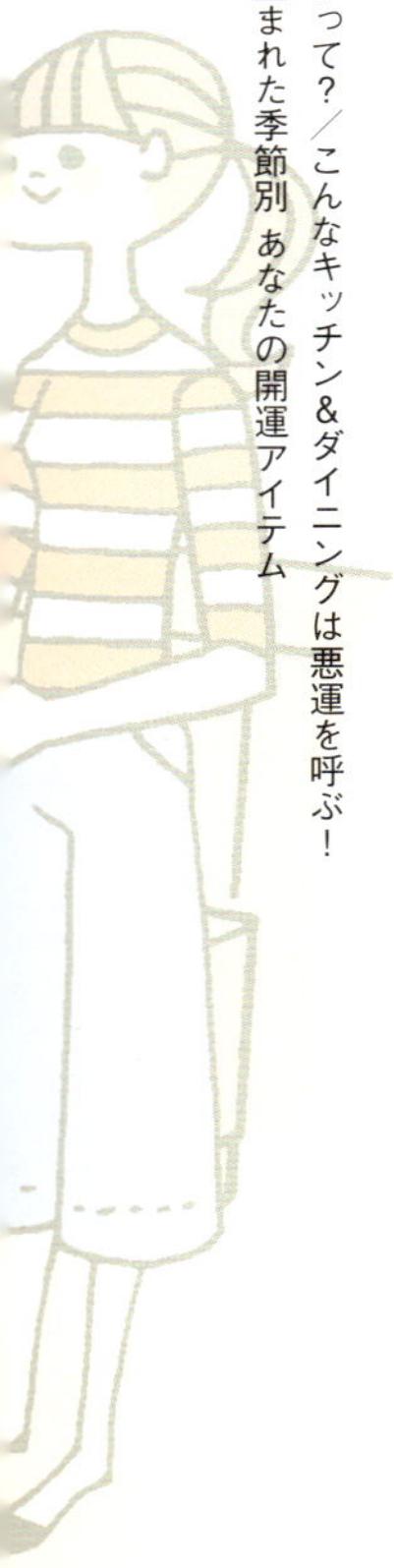

Part 3
開運テーマ別アドバイス

Part 4
整理整頓してもっとハッピーに！

Part 1

これだけは知っておきたい
風水キンのキン

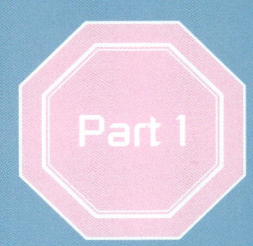

風水は「環境」を考える学問

風水の技術は中国四千年の知恵の結晶

風水のことを、特定の色や方位を守ればお金がたまるというような、単純なおまじないだと考えているのなら、それは誤解です。本来の風水は、吉相の地に先祖の遺体を埋葬し、住環境を整え、子孫を繁栄させるための、れっきとした学問なのです。

風水の誕生は、約四千年前の中国にさかのぼります。人々は、運は環境の影響を受けると考え、健康を保ち、幸運を招いて子孫を繁栄させるため、山脈や河川といった土地の善し悪しを研究しました。次第に、大地の気（エネルギー）は風に乗って飛び散ってしまうが、水に接するととどまる、という法則が分かってきました。つまり地脈が通い、やや小高くて、周りを山や丘に囲まれて大地の気が風に吹き飛ばされず、河川や海、湖などの豊かな水があ

風水は「環境」を考える学問

る土地こそ、住む人々に幸運をもたらすというわけです。そういった土地の善し悪しを判断するための技術や、大地の気を利用するための工夫の集大成が、風水なのです。

風水の善し悪しは環境の3条件で判断します

土地の善し悪しを判断する本格的な風水技術は、専門家にしかできない複雑なもの。素人にはとても無理です。そこで、いい風水の住環境とされる3つの条件をお教えしましょう。

1. 安心・安全
2. 快適
3. 町が栄えている

つまり、自然災害や事件・事故などの起こりにくい安心・安全な地域であること。水や空気がきれいで、近くに緑豊かな公園や穏やかな川などがある、快適な土地であること。そして近隣の人々が穏やかで、元気に楽しく暮らしていることが、その土地の風水の善し悪しを見分けるポイントになります。

ひったくりや痴漢、空き巣などが多い町や歓楽街、町がさびれてゴミのポイ捨てや雑草、壊れた看板などが目につく地域、空き家が増えてひっそりしているような町は、いい風水とはいいがたいので避けたほうがいいでしょう。

インテリア風水が今の住まいを吉相に導く！

とはいえ、今住んでいる土地の風水が今ひとつだからといって、すぐに引っ越しできる人はそう多くないでしょう。ならば、今の住まいに風水術を施して、吉相に導けばいいのです。

それが、本書で紹介するインテリア風水です。物があふれてゴチャゴチャしていたら、落下物にあたったりつまずいてケガをしたりする危険があるし、精神的にもイライラして、安心・安全な家とはいえませんね。湿気でジメジメしていたり、トイレや生ゴミが臭っていたりしたら、快適ではありません。こんな家にいたくないと思っているようでは、栄えている家とはいいがたいでしょう。そうならないように、家の中に風水術を施すのです。掃除や片付けなどのちょっとした心がけや、誰にでも簡単にできる小さな模様替えで、あなたの家はいい風水の家、幸運の家へと生まれ変わります。

一方で、たとえ3条件を満たしていない土地でも、そこに住み始めてから健康や愛情、お金に恵まれるようになったなら、その住まいはいい風水といえます。その家を愛し、清潔に保って、大切に住み続けるといいでしょう。

日本の風水・中国の風水

「鬼門《きもん》の東北に玄関があるのは凶相」というような話を耳にしたことはありませんか？　実はこれ、日本流風水独特の考え方で、中国古来の風水の考え方とは異なるのです。
日本流風水は、平安時代に中国から日本に入ってきた風水が、家相《かそう》や九星《きゅうせい》などとして独自に発展し、それらが混じり合ってできたもの。中国古来の風水には、鬼門・裏鬼門という言葉や、東北を忌み嫌うような思想はありません。むしろ東北を、吉方位として扱う場合もあるほどです。
本書は、中国古来の伝統的な風水術をもとに、掃除や片付けなどのポイントをやさしく解説しています。

風水で「気」を整える

「気」は私たちの心身の状態と密接に関係するもの

風水の目的のひとつは「気」の流れを整えることにあります。なぜなら「気」は、人の運に深く影響するからです。「気」は、常に私たちの周りを取り囲み、心身の状態と密接につながっています。たとえば、「気」がつく言葉を思い浮かべてみてください。元気、勇気、陽気、陰気、弱気、強気、景気、気を遣う、気に障る、気が晴れる、気の迷い、気のせいなど、いくらでも思いつきますね。これらの言葉からも分かるように、「気」は形もなければ目にも見えないけれど、何らかの情報を伝える役割があるのです。

家の中を流れる「気」の微妙な変化によって、私たちは体調がよくなったり仕事が順調に進んだりといった影響を受けています。知人や友人の家に、「なんとなく嫌な感じ」とか「気持ちのいい家だな」などと感じたことがあるでしょう。それは、その家に流れる「気」の質を、あなたが敏感に感じ取っているということ。心地よい「気」が感じられる家なら、住む人も幸運に恵まれるでしょう。

家でいい「気」を補充して幸運を招き寄せる！

家と同じように、人間にも「気」の重い人と軽い人とがいます。「気」の重い人は、人や物への執着心が強く、変化に対応できないために運を落としがちです。物をため込むので家の中が雑然とし、いい「気」が流れずに人間と家の「気」の負のスパイラルで、どんどん運が落ちてしまいます。

一方で「気」の軽い人は、こだわりが少なく柔軟で身軽に行動するため、いい運がついてきます。必要かどうかの判断が早く、潔く物を処分できるし余計な買い物もしないので、家の中はすっきり片付き、いい「気」が流れています。人と家の「気」の相乗効果で、いっそうの開運効果が得られます。

確かに人それぞれ、生まれ持った運というものがあります。けれど、家の中にいい「気」をたっぷりめぐらせていれば、やがて人の「気」も軽やかになり、運が開けるでしょう。だから、風水で家の中の「気」を整えることが大切なのです。

「気」の流れを整えるための風水４つのポイント

「気」の流れを考えるとき、やさしく心地いいそよ風をイメージすると分かりやすいでしょう。玄関から入ってきたそよ風（いい「気」）が、家のすみずみまで行き渡り、ベランダやリビングの大きな窓から出ていく様子を思い浮かべてください。

そよ風（いい「気」）をめぐらせる風水のポイントは、次の４つです。

「気」の流れがいい間取りって？

玄関から入ってきた「気」が、適度に寄り道をして部屋のすみずみまでめぐり、ゆっくりとベランダから出て行く間取りです。十分にいい「気」が補充されて、開運効果が高まります。

❶玄関と寝室が離れているし、ドアも向き合っていない
❷玄関とLDKの境に壁がなく、窓も近いので玄関が明るい
❸玄関・ダイニングとトイレが隣接しているけれど、ドアがダイレクトにそちらに向いているわけではないので許容範囲
❹リビングの窓が適度な大きさで日差しが強すぎない
❺玄関からリビングのベランダまでが一直線ではなく、「気」が部屋のすみずみまで流れる

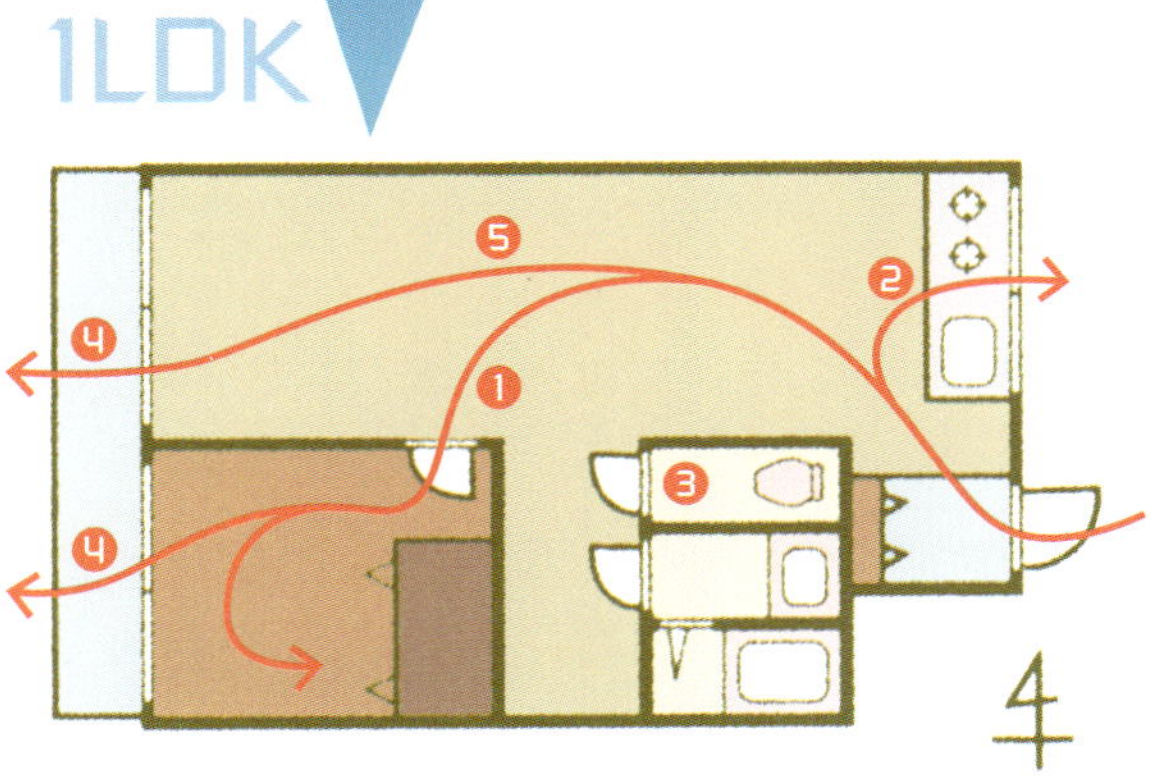

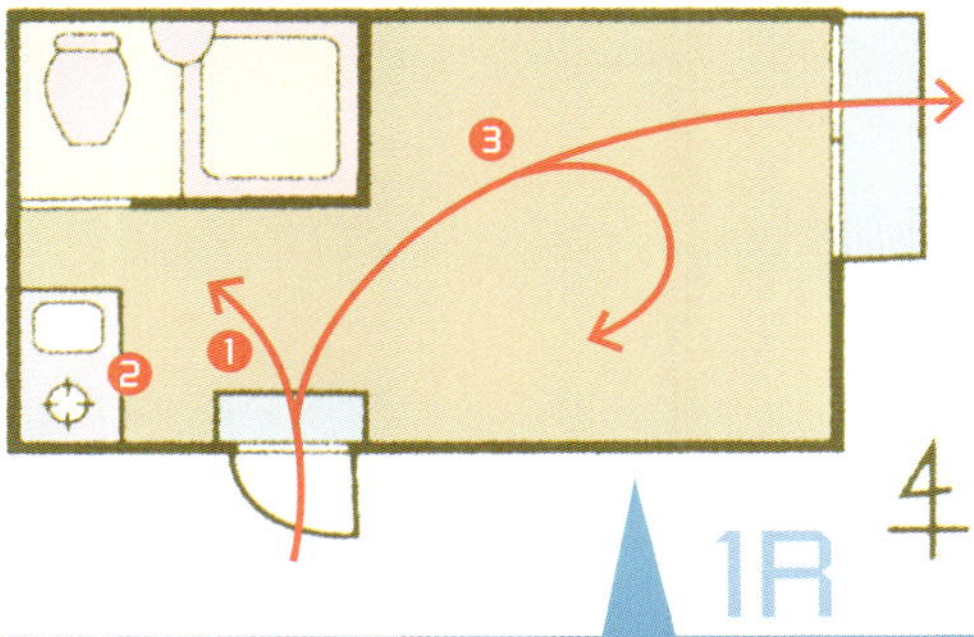

❶玄関とトイレのドアが向き合っていない
❷ガスコンロとシンクとの間に、狭いなりにもスペースがある
❸玄関からベランダまでが一直線ではなく、「気」が部屋のすみずみまで行き渡る

こんな間取りには注意！

「気」が一直線に抜けてしまう

玄関からリビングのベランダが一直線に見通せる間取りだと、玄関から入ってきた「気」が、どこにも寄らずにサッとベランダから抜け出ていってしまいます。これでは家の中に「気」がとどまらず、住む人がいい「気」を補充することができません。

❶こまめに換気をする
❷「気」の通り道の障害物を片付ける
❸いらない物を処分する
❹掃除をする

湿気が多く淀んだ空気では、そよ風のイメージとは程遠いですね。床に物が所狭しと置かれていたり、大きな家具が空間を占領していたりすると、そよ風（いい「気」）がスムーズに通れません。古くて使っていない物がたくさんあったり、ホコリや汚れが目立ったりするようでは、過去のしがらみや悪臭の混じった濁った風に変わってしまいます。清潔ですっきり片付いた家こそ、そよ風（いい「気」）が心地よく吹き渡るというわけです。

また、できれば間取りにも注目しましょう。たとえば、玄関とベランダが一直線な間取りだと、せっかく玄関から入ってきた「気」が各部屋をめぐらずに、まっすぐベランダから出ていってしまいます。これでは、いい「気」を補充することができません。こういったときに、インテリアを工夫して「気」の流れを整えるのも、また、風水術なのです。

「陰陽説」を風水に役立てる

「陰」と「陽」というものの見方がある

中国古来の風水の基本となっている思想のひとつに、「陰陽説《いんようせつ》」があります。この陰陽説を理解すると、家の中の風水を考えるときのひとつの目安になるので、ぜひ覚えておきましょう。

陰陽説は、この宇宙を生成しているものはすべて陰と陽から生じ、物事には必ず陰と陽のふたつの側面があるとした考えです。陰と陽とは、宇宙の根源の気である「太極《たいきょく》」から生じた、正反対の方向性をもつエネルギーのこと。陰と陽は表裏一体で、たとえば、天と地、男と女、昼と夜、新と古、明と暗というように、すべての物事は対立するふたつの性質が対になって成り立っています。

ひとつで完全な陽、あるいは完全な陰は存在しません。陽が極まると陰に転じ、陰が極まると陽に転じるというように、陰と陽は絶えず変化し循環しています。たとえば、男性の中に女性

陰

地　夜　女　静　悲　暗　冷　重　月

家の中の陰エリア

トイレ
→P52

バスルーム
→P60

ベッドルーム
→P68

廊下・階段
→P96

＊なお、和室は陰のエリアになります。

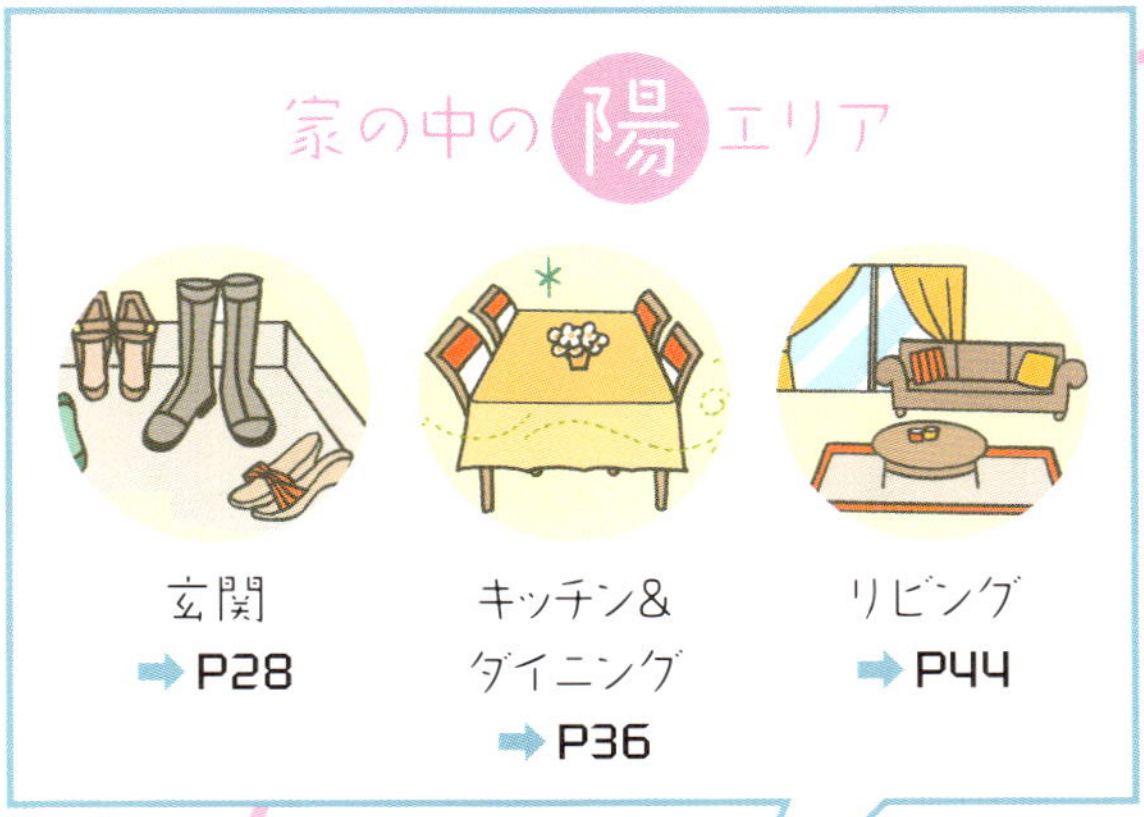
家の中の陽エリア
玄関
➡P28
キッチン&ダイニング
➡P36
リビング
➡P44

らしさがあったり、昼と夜とが交互にやってきたりといった、流動的なものなのです。

なんとなく陽がいいイメージで、陰は悪いイメージととらえている人もいるでしょう。けれど陰陽は、どちらがいい、悪いというものではありません。ひとつの事象や物事には必ず陰陽ふたつの側面があり、そのバランスがもっとも重要であって、どちらか一方に傾き過ぎるのはよくないとされます。女性らしさを微塵も持ち合わせていない男性は魅力的でしょうか。24時間365日太陽が出ている地球は、果たして住みやすいといえるでしょうか。

天
昼
男
動
喜
明
温
軽
太陽
陽

家の中もエリアによって陰陽バランスが違う

この陰陽説にもとづいて、大地は陰の気なので、その上に立つ家は陽の気を多く取り入れたほうがいいと風水では考えます。とはいえ、トイレや寝室まで陽の気であふれかえった賑々しい家は、とても心休まる家とは呼べませんね。家の中もやはり、陰と陽のバランスが大切なのです。そして大まかに、部屋はその目的によって陰と陽のエリアに分かれます。

たとえば、気の入り口である玄関や人が集まるリビング、食事のためのキッチンやダイニングなど、活動のための場は陽のエリア。そして、寝室や和室、トイレやバスルームなど、心を落ち着かせ休息をとるための場は、陰のエリアになります。各部屋のインテリアや照明を考えるとき、このことをちょっと頭に入れておくと、判断がつきやすいでしょう。

ただし、やり過ぎはいけません。陽の気が強すぎると落ち着きがなくなり物事に集中できないし、陰の気が強すぎると気分が落ち込んでしまいます。何事も中庸が大切なのです。

インテリアに「陰陽」を取り入れる

インテリアの色や素材にも陰と陽があります

インテリアの色選びや素材選びに迷ったときも、陰陽説《いんようせつ》をよりどころにして判断すると、模様替えがスムーズにできます。

玄関やリビング、キッチンやダイニングは陽のエリアです。陽のイメージは日向、明るい、温かい、軽い、硬い、速い、天、太陽など。心身ともに活動的になるような、明るく温かみのあるインテリアが理想です。陽の気を帯びているものは、たとえば色なら赤やピンク、オレンジ、イエローといった暖色系、素材は金属やプラスチック、床ならフローリングです。陽のエリアには、陽のイメージに近づくようなこれらの色や素材を選ぶといいでしょう。

一方、寝室やトイレ、バスルーム、廊下、和室などは陰のエリア。陰のイメージは日陰、暗い、涼しい、重い、静か、柔らかい、遅い、地、月などです。しんと静まり返った、心が落ち着く雰囲気に仕上げたいものです。陰の気を帯びているものは、色では青やグリーン、水色、グレーといった寒色系で、素材はガラスや織物などです。畳やラグマットは陰の気を帯びている床材になります。たとえば寝室を心安らぐ部屋にするには、カーテンやベッドカバーなどのファブリックを寒色系にし、フローリングの床ならラグマットを敷くといいでしょう。

陰陽のさじ加減をして全体のバランスを整えよう

この陰陽のメソッドは、あくまでも基本的な考え方を示したものです。誰でもどんな家でも、この方法を一律にあてはめればいいかというと、そうではありません。

たとえば、西日が強く差し込むリビングに、赤いカーテンやオレンジ色のソファを置いたらどうでしょう。陽の気が過多になり、落ち着いてすわっていることができません。カッカと頭に血がのぼりやすくなり、ケンカが絶えないでしょう。北側にある寒々しい寝室に、青いカーテンやガラス製の置き物を飾ったら、陰の気が過多になって、心安らぐどころか気持ちが冷え切ってしまいそうです。これでは、いい気で

インテリアに「陰陽」を取り入れる

インテリアの陰陽の特徴

陰 ← 中間 → 陽

	陰							陽
色	黒		青	緑	黄色	白	オレンジ	赤
形	波形		ひも状	長方形	正方形	円形		三角形
素材	織物	ガラス	籐	木製品	土製品	金属		プラスチック

はなく悪い気がめぐっていることになってしまいます。

風水では、バランスが何よりも大切なのです。その家の立地条件や日当たり、そこに住む人の体質や気質などとの総合的なバランスを図って、陰陽のさじ加減をしなければいけません。

もし、イライラしやすい人のリビングがとても日当たりがいいのなら、それだけで陽の気が過多です。青いクッションなどで少し陰の気を取り入れてクールダウンさせると、陰陽のバランスがとれて居心地がよくなります。落ち込みやすい人の寝室が北側にあるのなら、カーテンをエンジ色など陽の気を帯びた色にすると、温かな気持ちで安らかに眠ることができるでしょう。また、ワンルームなど部屋数の少ない家なら、家全体で陰陽のバランスをとり、居心地がいいと感じられるように仕上げるのが、成功のポイントです。

こうした、住む人にいい影響を与えるインテリア、つまり、いい気がめぐるインテリアを考えることも、風水の目的のひとつです。陰陽のさじ加減ができるようになれば、あなたの風水術は合格点です！

風水と密接にかかわる「五行」

五行とは、万物を5つの気に分ける思想

五行それぞれのイメージ

木《もく》
樹木　春　風
仁　緑
火《か》
火　夏　熱
礼　赤
土《ど》
土　土用　湿
信　黄
金《こん》
金属　秋　燥
義　白
水《すい》
水　冬　寒
智　黒

「陰陽説《いんようせつ》」と同じく風水と深くかかわっている中国古来の思想に、「五行《ごぎょう》説《せつ》」があります。「陰陽五行説」と言えば、耳にしたことがあるかもしれませんね。もともと陰陽説と五行説とは別々に発生したものであり、のちにまとめられて陰陽五行説が誕生しました。

五行説とは、この世界のすべてのものは、「木《もく》」「火《か》」「土《ど》」「金《こん》」「水《すい》」の5つの気からできているという考え方です。物はもちろん色や方位、季節、臓腑、志や徳といった抽象的なものにもあてはまります。

五行それぞれのイメージを簡単にまとめてみましょう。

「木気」は樹木や春に代表され、新芽が伸びる様やさわやかな息吹のイメージです。「火気」の代表的なものは燃え盛る火や夏で、炎が上昇するイメージを

風水と密接にかかわる「五行」

持っています。「土気」の代表は土です。季節は土用。土用とは、各季節の終わりに必ず現れる変わりめの季節のことです。大地のようにあらゆるものを包み込むようなイメージがあります。「金気」は金属が代表的です。硬くてシャープなイメージがあり、季節は秋に相当します。最後の「水気」は、水に代表されるように、柔軟でゆるやかに形を変えていくイメージ。季節は冬に相当します。

さらに、この五行はそれぞれ、先に紹介した陰陽の性質も持っています。「木」と「火」は陽の気を帯び、「土」は陰と陽の両方、「金」と「水」は陰の気を帯びています。

五行のふたつの法則は風水にも影響

この5つの気は、よくも悪くもお互いに影響し合っていて、ふたつの法則を持っています。

まずひとつめ、「五行相生《そうしょう》の法則」は、「木」「火」「土」「金」「水」の5つの気が、それぞれ順に生かし合う関係のことです。つまり、こうなります。

「木生火」→木は燃えて火を生む
「火生土」→火が燃えて灰になり、土に返る
「土生金」→土の中から金属が生まれる
「金生水」→金属の表面に水滴が生じる
「水生木」→水は木を育てる

風水では方位や物、色のあり様を、このような相生の関係になるように整えるのをよしとします。

一方、五行それぞれが悪影響を及ぼしてしまう関係もあります。それが、「五行相剋《そうこく》の法則」です。

「木剋土」→木が根を張ると土がやせる
「土剋水」→土は水をせき止める
「水剋火」→水は火を消す
「火剋金」→火は金属を溶かす
「金剋木」→金物は木を切る

家の中にこの相剋があると、気が対立して気の流れが滞ってしまいます。よって、風水でも、五行の相剋は見逃せません。たとえば、キッチンで「水気」のシンクと「火気」のコンロが隣り合うのは、「水剋火」の関係です。こんなときは、間に「木気」の植物を置くなどして相剋を緩和し、気の対立や滞りをなくす風水術を施します。こうして家の中にいい気がスムーズにめぐるようにして、住む人の運気をアップさせるのです。

五行の相生

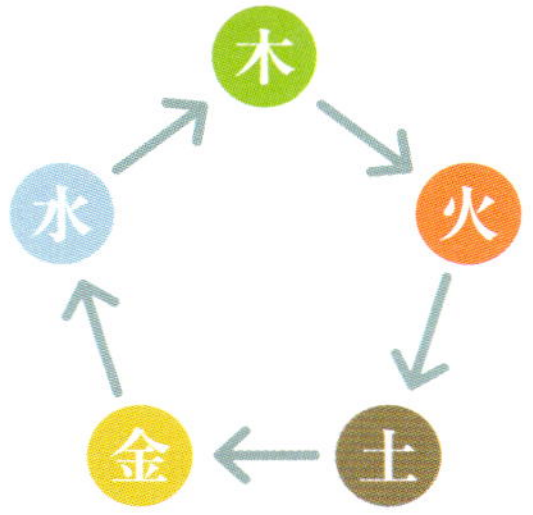

5つの気が順に生じている、良好な関係のこと。風水では、家の中のあらゆる物や状態、方位が、相生の関係に落ち着くように整える必要があると考えます。

五行の相剋

5つの気がそれぞれ悪影響を及ぼしている関係のこと。家の中に相剋があると、気の流れが滞ってしまうので、風水術を施して相剋を緩和させたり相生の関係に整えたりします。

インテリアに「五行」を取り入れる

方位にも五行の気が宿っています

家の中の風水には、方位も深く関係します。専門の風水師は羅盤《ロウバン》という道具を使って細かく正確に方位を測り吉凶を判断しますが、私たちは大まかに八方位の特徴やテーマを頭に入れておくといいでしょう。引っ越しの際に間取りを確認したり、インテリアの配置をしたりするときに役立ちます。

八方位にも、それぞれ五行《ごぎょう》の気が宿っています。たとえば、東と東南は「木気」、西と西北は「金気」を持っており、それぞれ象徴するものやテーマがあります。これを風水にあてはめると、どうなるでしょう。

たとえば、家の中心からみて西北にガスコンロがあるとします。西北は「金気」、コンロは「火気」です。すると、「火剋金」で五行の相剋《そうこく》が起きてしまいます。これでは、気の流れが滞って開運は望めません。

さらに言えば、西北は父親や家長を象徴する方位で、権威や出世がテーマです。その西北の気が滞るということは、父親や家長に何らかのよくないことがある、あるいは、住む人の仕事運がダウンするということです。そうならないよう、家の中心からみて西北にガスコンロのある家は避けるか、あるいは相剋を中和するために、ガスをＩＨに変えるというような風水術を施す必要があるわけです。

方位における五行と象徴するもの

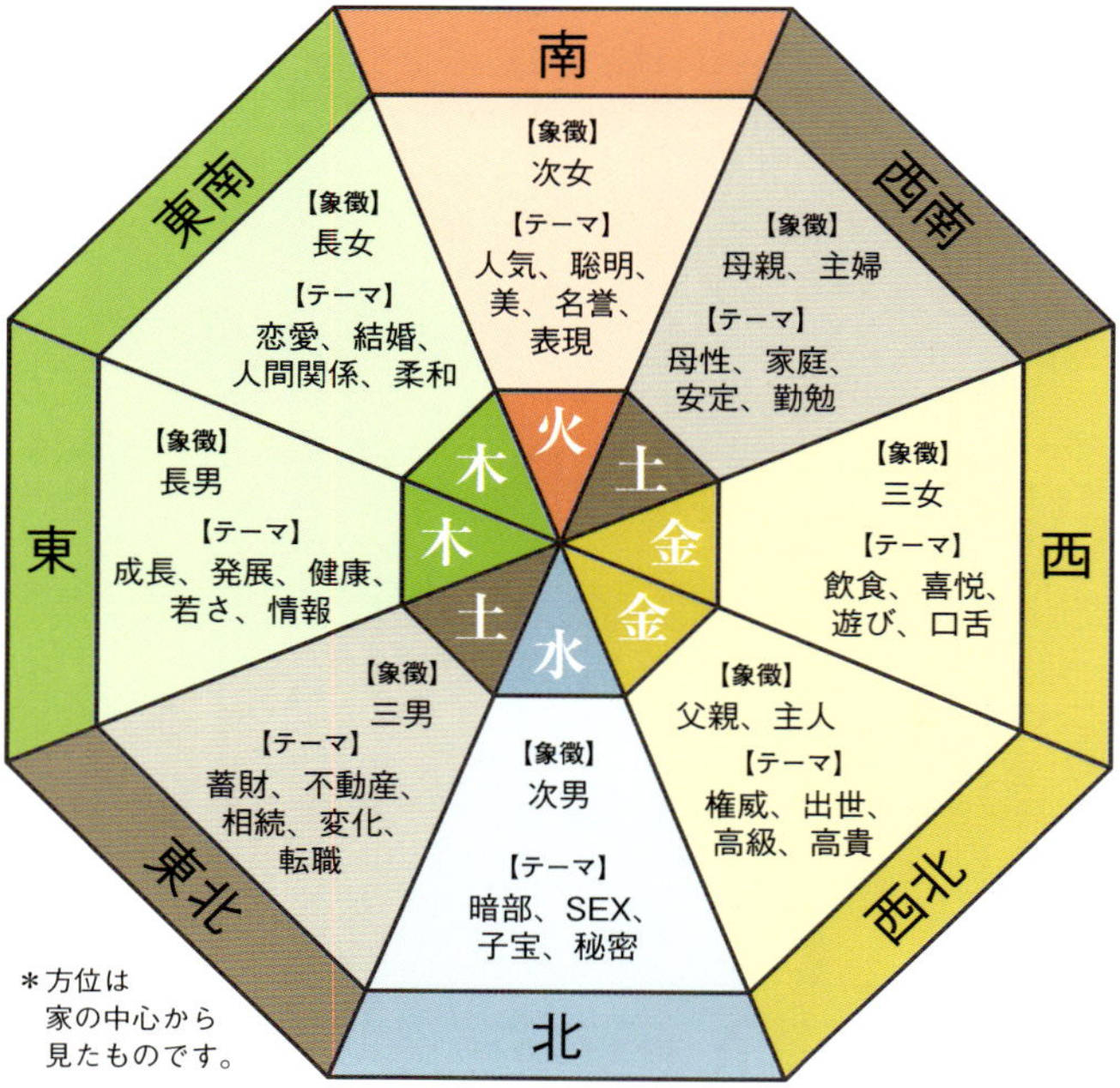

南
【象徴】
次女
【テーマ】
人気、聡明、美、名誉、表現
火
西南
【象徴】
母親、主婦
【テーマ】
母性、家庭、安定、勤勉
土
西
【象徴】
三女
【テーマ】
飲食、喜悦、遊び、口舌
金
西北
【象徴】
父親、主人
【テーマ】
権威、出世、高級、高貴
金
北
【象徴】
次男
【テーマ】
暗部、SEX、子宝、秘密
水
東北
【象徴】
三男
【テーマ】
蓄財、不動産、相続、変化、転職
土
東
【象徴】
長男
【テーマ】
成長、発展、健康、若さ、情報
木
東南
【象徴】
長女
【テーマ】
恋愛、結婚、人間関係、柔和
木

＊方位は家の中心から見たものです。

五行のパワーを利用すればあなたが望む運が開ける！

方位と同様に、色や素材、形にも、それぞれ五行の気が宿っています。五行

インテリアに「五行」を取り入れる

五行別 インテリアの特徴と方位

	方 位	色	形	素 材
木	東 東南	グリーン 青緑	細長いもの、 背が高いもの、縄状、 ひも状、ストライプ	木、紙、竹、籐、麻、 綿、シルクなど ナチュラルなもの。 葉、草、花
火	南	赤 ピンク パープル	三角形、 とがったもの、塔状、 ジグザグ、星型	プラスチック、化学繊維など 人工的なもの。 キャンドル、ドライフラワー、 炎、カラフルなもの
土	西南 東北	イエロー ブラウン オレンジ	四角形、台形、 どっしりしたもの、 安定感のある形、 チェック柄	土、テラコッタ、陶磁器、 大理石、タイル、レンガ、 ザラザラしているもの、 鉱物、鉱石、水晶
金	西 西北	白 ゴールド シルバー メタリックカラー	球形、円形、 楕円形、ドーム状	金属、銀製品、ステンレス、 ブロンズ、真珠、 鏡、ラメ、スパンコール、 キラキラ輝くもの、硬いもの
水	北	黒* ブルー	波型、曲線、 アールがついた形、 水玉	水、ガラス、液体、漆器、 水槽、マリングッズ、水晶、 柔らかいもの、ツルツルしているもの、 冷たいもの

＊ただし黒は、現代の風水ではあまりインテリアには用いません。

の気の持つパワーをうまくインテリアに取り入れれば、あなたが望む方面の運気を高めるのに効果が得られるでしょう。

たとえば、恋愛運を高めたい、良縁に恵まれたいと望むなら、それらをテーマに持つ東南の方位がカギになります。東南にあてはまる五行は「木」。だから、家の中心からみて東南の位置に、「木気」を強める風水術を施せばいいことになります。「木気」を持つのは青緑やグリーンの色、細長い形、ストライプなどです。素材は木や籐などのナチュラルなものや草花など。これらの材料を組み合わせて、あなたなりのインテリアを考えてみましょう。家の東南の位置に、茎の長いマーガレットの花を飾るもよし、ストライプ模様のクッションを置くもよし、ということになります。

このように、インテリアに五行のパワーを応用するのも、運を切り開く風水術のひとつです。すべてをマスターするのはちょっと難しいかもしれませんが、自分の興味のあるテーマや好きな色などから、少しずつ実践してみるといいですね。

「生まれた季節」で最適なインテリアを探す

二十四節気によって あなたの五行がわかる

物体や事象すべてに五行《ごぎょう》があるように、人間にも生まれながらにして五行の気が宿っています。自分の五行が分かれば、より最適な、パーソナルな風水インテリアが実現できます。

人間には複数の気が宿っていて、その強弱のバランスは人それぞれ違います。その人の五行バランスが分かれば、先天的な気質や体質、得意分野なども分かります。正確には誕生日の年月日や時刻、生まれた場所などから個人の五行を特定しますが、それには複雑な専門知識を必要とします。とはいえ、生まれた季節によってだいたいの傾向は判明するので、ここでは誰もが分かる、生まれた季節による五行バランスとその特徴をご紹介しましょう。

中国の暦では、1年を二十四節気《にじゅうしせっき》に分けています。それにもとづいて春、夏、土用、秋、冬の5つの季節に分け、あなたの誕生日がどの季節に含まれるのかを調べましょう。土用とは、各季節の終わりに必ず現れる変わりめの季節のことです。土用の期間は1年に4回ありますが、それをまとめてひとつの季節とします。

各季節に特有の五行は、次のとおりです。

- 春生まれ→「木気」が強い
- 夏生まれ→「火気」が強い
- 土用生まれ→「土気」が強い
- 秋生まれ→「金気」が強い
- 冬生まれ→「水気」が強い

つまり、たとえば春生まれの人は、「木気」の影響を強く受けて生まれてきたといえます。

自分の五行を インテリアに生かそう!

一方で、誰もが弱い気も持ち合わせています。なんだか運がない、体調が

二十四節気による 生まれた季節早見表

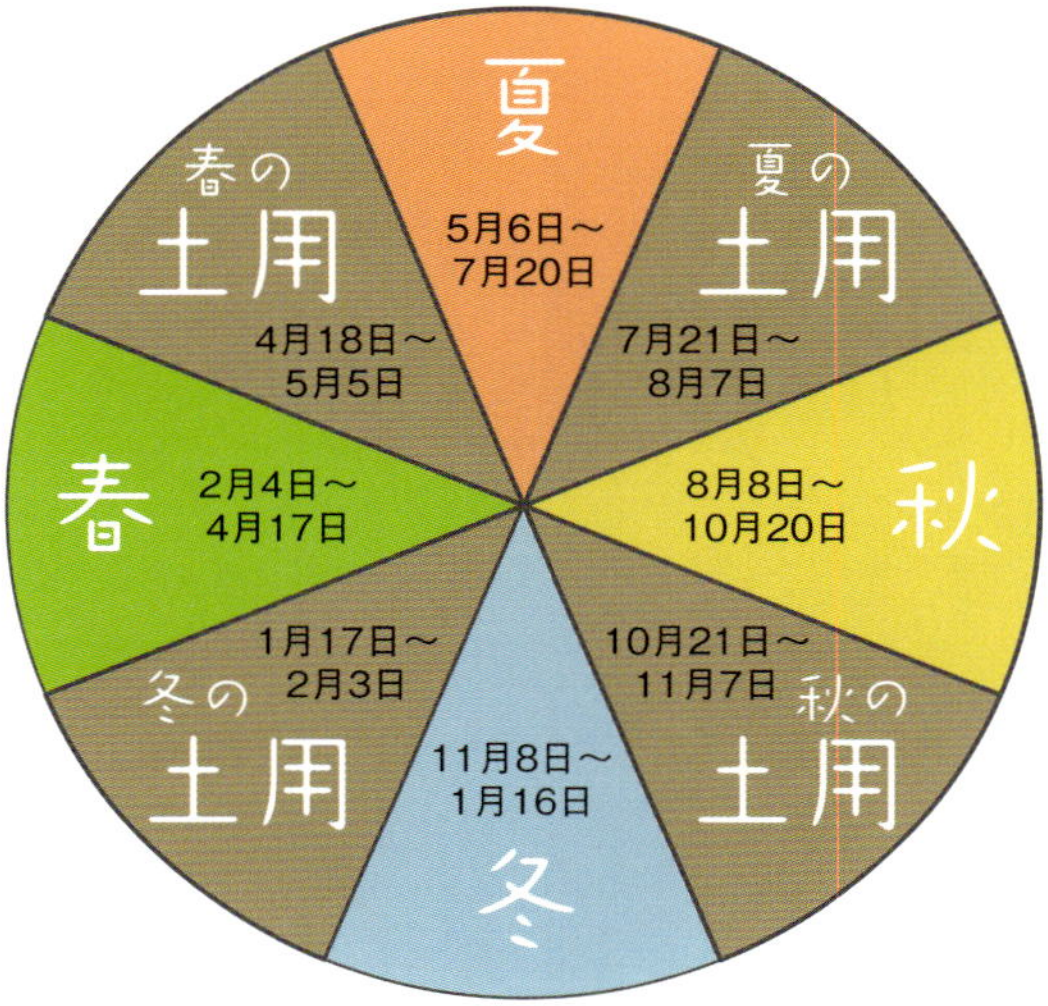
夏
5月6日～7月20日
夏の土用
7月21日～8月7日
秋
8月8日～10月20日
秋の土用
10月21日～11月7日
冬
11月8日～1月16日
冬の土用
1月17日～2月3日
春
2月4日～4月17日
春の土用
4月18日～5月5日

＊二十四節気は、その年によって若干前後します。

悪いというときは、五行バランスが崩れている証拠。そんなときは弱い気を補強すると、五行バランスがよくなり、運気が上がります。つまり、あなたの弱い気を帯びた色や物が、あなたのラッキーカラー、ラッキーグッズになるというわけです。

生まれた季節による弱い気は、次のとおりです。

- 春生まれ→「土気」が弱い
- 夏生まれ→「金気」が弱い
- 土用生まれ→「水気」が弱い
- 秋生まれ→「木気」が弱い
- 冬生まれ→「火気」が弱い

あなたの弱い気を帯びた色や素材をうまくインテリアに生かすと、福運を呼び込むことができます。陰陽のバランスや五行の相剋にも気をつけながら、自分の五行に合ったインテリアを取り入れることができたら、よりいっそうの幸運に恵まれることでしょう。

季節別に、五行バランスや生まれながらの気質、体質などをまとめてみました。まずは自分の五行を把握しましょう。二十四節気による生まれた季節別の風水アドバイスは、本書のさまざまなコーナーに登場します。

生まれた季節別 特徴と開運インテリア

春

2月4日～4月17日生まれ

前向きで思いやりのある春生まれ。落ち着きのある「土気」インテリアで開運！

五行バランス

「木気」が強く、「土気」が弱い

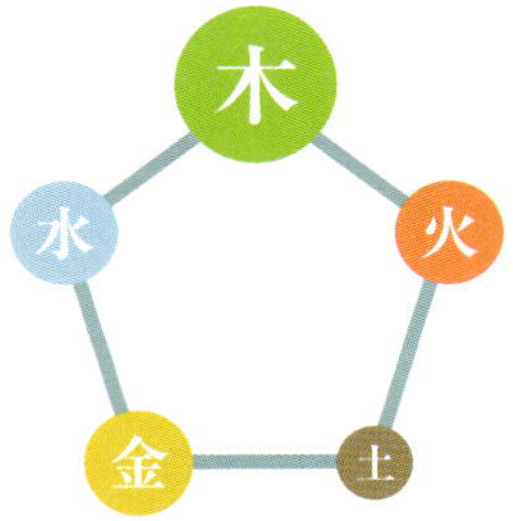

気質

爆発的なパワーをもって伸びやかに萌出でる新芽のように、拡大・拡散する気を持っています。若々しく、いつも前向きでやる気に満ちていることでしょう。やさしく面倒見がよく、人に気を遣うタイプですが、気持ちが安定しにくく、イライラして怒りっぽくなり、優柔不断な人だと思われることも。

体質

肝臓・胆のうの気が旺盛です。ストレスがたまりやすいので、胃が弱かったり、わき腹が張りやすくゲップがひんぱんに出たりすることも。「土気」の落ち着きや安定を取り入れれば、体調も整い、人間関係や仕事運が上昇するでしょう。

開運インテリアのポイント

「土気」を強めるもの

色：イエロー、ブラウン、オレンジ　**形**：四角形、台形、横広がり、チェック柄、どっしりした形　**素材**：土、石、陶磁器、テラコッタ、大理石、タイル、鉱物、鉱石、水晶　**アイテム**：陶磁器、タイルを貼ったフォトフレーム、テラコッタの鉢、厚地のテキスタイル、素朴なもの

夏

陽気で情熱的な
夏生まれ。
シャープな
「金気」インテリアで
開運！

5月6日〜7月20日
生まれ

五行バランス
「火気」が強く、「金気」が弱い

気質

夏生まれの人は、真夏の太陽のエネルギーと炎に象徴されるように、明るく陽気なタイプが多いようです。いつも元気いっぱいで、何事にも積極的に取り組むことでしょう。ただし、冷静な判断は苦手ぎみ。感情で動きがちなので、ささいなことで激高したり、逆に喜びを感じると物事がスムーズに運んだりするでしょう。

体質

心臓と小腸の気が旺盛です。暑がりで汗かき。「火気」が強くなりすぎると動悸やのぼせが起こり、ささいなことで興奮したり、熱や鼻血が出ることも。「金気」を取り入れてクールダウンすると、体調も運気も上昇します。

開運インテリアのポイント

「金気」を強めるもの

色：ホワイト、シルバー、ゴールド、パール、メタリックカラー　形：丸、球、楕円、ドーム状　素材：金属　アイテム：鈴、金属のアクセサリー、洋風の家具、ラメ、ビーズ、スパンコール、メタリック、鏡、月、スタイリッシュなもの、近未来的なもの

土用

大地のように
懐の深い土用生まれ。
透明感のある
「水気」インテリアで
開運！

1月17日〜2月3日
4月18日〜5月5日
7月21日〜8月7日
10月21日〜11月7日
生まれ

五行バランス
「土気」が強く、「水気」が弱い

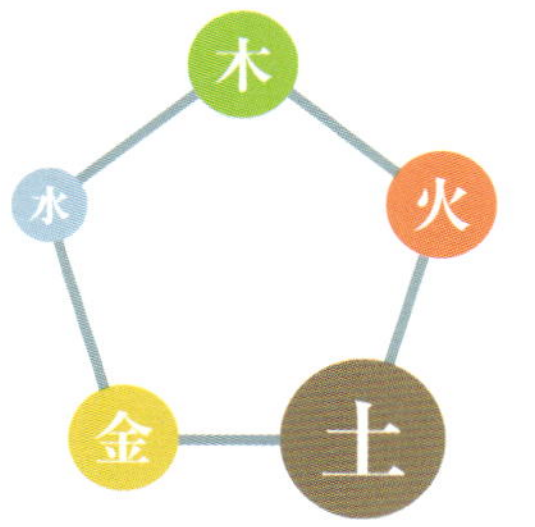

気質

さまざまな気が混じり合う土用に生まれた人は、心の中に複雑な気持ちを抱えているものの、態度は大地のように落ち着いて、あらゆるものを包容する懐の深さを持っています。自分とは違う意見を素直に聞く耳を持っている反面、一度信じたらとことん考えを変えない頑固なところも。

体質

脾臓と胃の気が強く、食欲旺盛の人が多いようです。「土気」が強くなりすぎると、食べ過ぎて肥満になったり、胃腸を壊して食欲不振やむくみ、だるさを招くこともありそうです。「水気」を取り入れて謙虚な気持ちを保ち、食事の量をコントロールしましょう。

開運インテリアのポイント

「水気」を強めるもの

色：黒、ブルー（現代の風水ではあまりインテリアには黒を用いません）
形：波型、曲線、アール、らせん状、水玉模様　素材：水、液体、ガラス、クリスタル、流れているもの、透明なもの、つるつるなめらかなもの
アイテム：水や海・川・湖・雨・雪・氷などをイメージさせるオブジェや写真・絵など、ガラス製品、香水瓶、レースのカーテン

秋

8月8日～10月20日生まれ

秋生まれは冷静で頑張り屋さん。癒しの「木気」インテリアで開運！

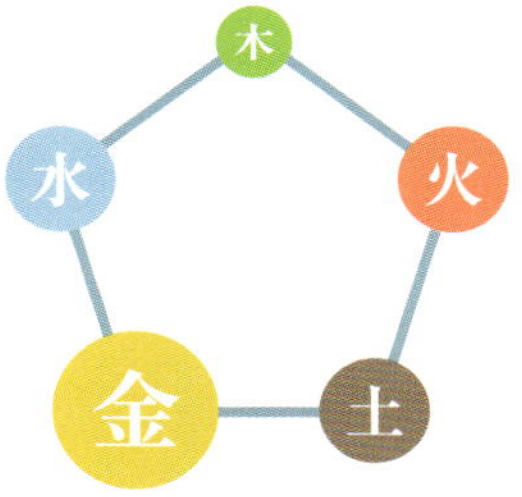

五行バランス
「金気」が強く、「木気」が弱い

気質

冷静・客観的に物事をとらえ、決めたことにはきちんと取り組む頑張り屋さんが多いようです。合理的で無駄なことを嫌い、集中力があるので、仕事もうまくこなせるでしょう。ただ、人への配慮やおおらかさに欠ける面が顔を出すと、友人や同僚とケンカしたり、物事が思うようにいかなくてイライラすることもありそうです。

体質

肺や大腸の気が旺盛で体が丈夫。負けず嫌いな面も幸いして、スポーツを得意とする人もいるでしょう。「金気」が強くなりすぎると緊張感が高まり、神経質になったり不眠になったりしそうです。周囲に「木気」を取り入れて、思いやりと共存の気持ちを取りもどすとリラックスできます。

開運インテリアのポイント

「木気」を強めるもの

色：グリーン、黄緑、青緑　形：背の高いもの、細長い形、ストライプ、ボーダー、ひも状のもの　素材：木、紙、籐、竹、麻、綿、シルク、ナチュラルなもの　アイテム：本、生花、フルーツ、観葉植物、ポプリ、木彫りの置き物、木工製品、森や草木の絵や写真

冬

11月8日～1月16日生まれ

知恵があり沈思黙考型の冬生まれ。温かみのある「火気」インテリアで開運！

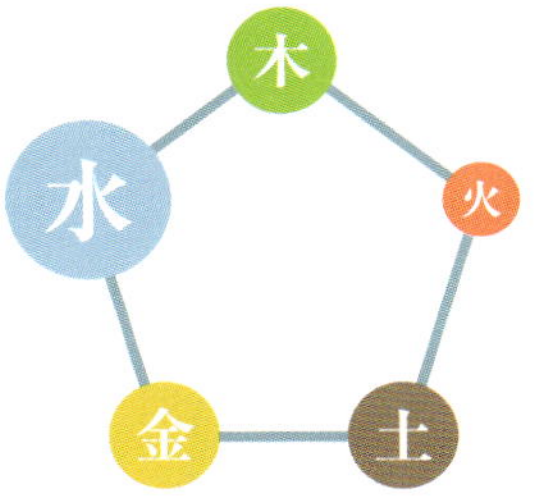

五行バランス
「水気」が強く、「火気」が弱い

気質

冬生まれの人は、水のように静かな性質で冷静沈着です。頭の回転も速く、物事に臨機応変に対応する柔軟さがあるでしょう。一方で、慎重さが度を越して疑い深くなったり、行動を起こすまでに時間がかかったりという面も。元来アイデアが豊富で好奇心が強いので、「火気」を取り入れて思い切りよく行動すれば、運気が上昇するでしょう。

体質

腎臓と膀胱の気が旺盛で、精神も肉体も基本的には強いほうです。ただ、「水気」が強くなりすぎ「火気」が弱くなると、新陳代謝が悪くなって、冷えやむくみ、だるさに悩まされるかもしれません。「火気」を取り入れて体を温めると、元気で活動的になれるでしょう。

開運インテリアのポイント

「火気」を強めるもの

色：赤、ピンク、パープル　形：三角形、ピラミッド型、山型、星型、先がとがっているもの、ギザギザ、幾何学模様　素材：火、プラスチック、レザー、ビニール、化学繊維　アイテム：キャンドル、ランプ、間接照明、花火、太陽のモチーフ、切り立った山の絵や写真

強力！中国の開運モチーフ

風水発祥の地である中国では、昔から動物や植物などのモチーフを風水小物としてインテリアに取り入れてきました。中でも龍《りゅう》、麒麟《きりん》、鳳凰《ほうおう》、亀《かめ》の4つは四霊獣《しれいじゅう》といい、吉を招く効果が高いとされています。現代のインテリアにも取り入れられそうなモチーフを、いくつかご紹介しましょう。飾り物やファブリックの柄などを選ぶ際に、ちょっと心にとめておいてはどうでしょう。

龍

人間関係をよくする神獣

中国では皇帝の象徴とされる龍。目上の人に引き立ててもらいたいなら家の中心からみて東の位置に、仕事上の人間関係の悩みを解消したいならデスクの左側に飾りましょう。龍の前に小盃に入れた水を置くのが正式な飾り方です。

麒麟

災いを消す平和の使者

動物のキリン（ジラフ）のことではなく、中国に伝わる想像上の生き物です。親孝行な人を好み、災いを消して平和や健康、子宝の運を運んできてくれるとか。また、形殺《けいさつ》（100ページ参照）などの悪い影響から人を守る作用もあります。

鳳凰

創造力を高める美しき鳥

鳳凰は美しく華やかな姿の鳥です。芸能やアートの分野で才能を開花させてくれたり、ひらめきやアイデア、企画力を高め、あなたに名誉をもたらしてくれるでしょう。オフィスに飾ると、社会的地位のある人を容易に招くことができます。

獅子《しし》

魔を退け、財を招く瑞獣

獅子は慶びごとを祝うときや魔よけなどに使われる瑞獣《ずいじゅう》です。財を招く力もあるので、玄関に一対の獅子を置いてもよいでしょう。ただし、獅子自体がとても強い気を持っているので、玄関の外に置き、顔も外側に向けて飾ります。

亀

鶴と並んで長寿の象徴

亀はとても寿命が長い生き物。それにあやかって、長寿を祝ったり願ったりする際のモチーフとして用います。強すぎて害になる気を転化する作用もあるので、ドアとドアが向かい合っている場などに亀の置き物を飾ると、気を整えてくれます。

カエル

アオガエルは健康運、
ヒキガエルは財運

生気が旺盛なアオガエルは、健康や活力を高める置き物として人気です。また、ヒキガエルはお金を吐き出す瑞獣とされ、顔を家の内側に向けて飾ると金運が高まります。

桃の実・桃の花

実は長寿を、
花は良縁を呼ぶ

中国では桃の実は長寿を象徴します。また、恋愛のことを「桃《とう》花《か》」と呼び、桃の花は恋愛運を高めるとされます。ステキな出会いを求めるなら、桃の花を飾るといいでしょう。

象

平和や安定をもたらす
吉祥の動物

象の置き物を職場に飾れば人間関係や業績が安定し、家に飾ると平穏な生活が送れるでしょう。また、家の後ろにまったく建物がない場合、風水では健康運が弱く人からの後ろ盾が得られないなどとされますが、象の置き物を飾ると運が上昇します。

金魚

お金に恵まれ、
愛情も深まる

金魚は名のとおり金運を高める魚。コツコツと働けば必ず得られる財を象徴します。また、中国語で「金魚《ジンユイ》」は、お金が余るという意味の言葉の「金餘《ジンユイ》」と発音が同じ。次第に物事がスムーズに運んで金運はアップ、恋人や夫婦の愛も深まるでしょう。

ひょうたん

悪い気を吸い取って
健康運を高める

中国ではひょうたんは医を象徴します。病気や体の不調、悩み事などを吸い取ってくれるので、リビングか、病気に悩む人の部屋に飾るといいでしょう。また、玄関の内側に、ひょうたんの口を外に向けて飾ると、幸運の気を外から家の中に吸い込んでくれます。

花瓶

平安を意味する身近なアイテム

中国語で花瓶の「瓶《ピン》」と平安の「平《ピン》」は、同じ発音です。そこから、花瓶は平安を意味するようになりました。オフィスに置くと社員が健康に、家に置くと家庭が平和になります。ただし、生花を活けるか、中に紙などの詰め物をして飾るのが原則。空の花瓶を出しっぱなしにしていると、浮気を呼びます。

竹

平安をもたらす
吉祥の植物

家やオフィス、店舗などの外に竹を植えると、平安がもたらされて運気が上昇します。最近流行のミニ盆栽に竹を取り入れてもいいでしょう。ただし、「土気」は女性の婚期を遅らせるので、未婚の女性は土を盛る盆栽ではなく、水耕栽培の竹を飾って良縁と幸運を招き入れましょう。

サボテン

邪気を吸い取り、
縁切りにも効果を発揮

サボテンは邪気を吸い取ってくれるアイテム。他人からの中傷やゴシップなどで悩んでいたり、恋人との縁を断ち切りたいときに、玄関の外側に置くと、悩みを解決してくれるでしょう。

COLUMN

色のパワーをインテリアに生かす

色にはそれぞれ、人間に与えるパワーや効能があります。これをインテリアにも生かせたら、より望む方向への道が開け、運気も倍増。代表的な色の持つイメージをご紹介しましょう。

イエロー

温和、陽気、創作力、知性、抑圧を緩和する

赤

熱、活力、興奮、情熱、指導力、野心

オレンジ

あたたかい気持ち、寛容、豊か、社交性、勇気

ネイビーブルー

霊性、浄化、芸術、信仰、献身

グリーン

ナチュラル、調和、安定、友好、平和、順応性

青

冷やす、冷静、沈静、純潔、理性

ピンク

やさしさ、慰め、喜び、愛、思いやり、若さ

パープル

神秘性、精神的、啓示、無私無欲

たとえば、もっと積極的になりたい、情熱的に仕事に取り組みたいと願うなら、活力や情熱のパワーを持つ赤を、インテリアに取り入れてみましょう。赤のように強い色は、クッションやスリッパなど、部屋のアクセントに使うのがおすすめです。

また、風水では光のコントロールも大切。白は光を通す色、黒は光を遮断する色です。陰陽バランスを加減する際の参考にしてください。もっとも黒は、現代の風水ではあまりインテリアに使いません。取り入れたいなら、アクセントとして一部だけにとどめ、濃いグレーやネイビーブルーで代用しましょう。

Part 2

部屋&コーナー別アドバイス

部屋別アドバイス

玄関

幸運を呼び込む重要スポット
すっきり清潔な玄関からいい気をどんどん取り込もう！

風水では、玄関をもっとも重要なスポットのひとつと考えます。玄関の状態によって、入ってくるのがいい気なのか悪い気なのか、たっぷりいい気を呼び込めるのか、入り口で淀んでしまうのかが決まるからです。

いい気をたっぷり呼び込みたいのなら、すっきり清潔に、広々と保つことがカギ。たたきの砂ボコリはきれいに掃き出し、水を打って空気を浄化します。余分な傘や靴、スポーツ用品は処分したり収納したりして、広いスペースを確保しましょう。飾り物も最低限に抑え、色あせた写真やポプリは新しいものと取り替えます。また、鏡を玄関の内側からドアに向かって左側にかけると、お金の悩みから解放してくれるでしょう。

玄関の掃除をきちんとして、こまめに手入れをするだけで、幸運の気がたっぷり入ってくる家になりますよ。

運気アップ！ 4つのオキテ

いつも明るく清潔に！

汚れた場所には悪い気が侵入します。たたきにたまった砂ボコリや下駄箱の上のホコリはしっかり取り除いて。また、明るさも必要。暗い場合は間接照明などを取り入れましょう。

無駄なものを置かない

たたきに余分な靴や傘が出ていたり、スポーツ用品やゴルフバッグなどが置かれていたりすると、玄関スペースが狭くなって気の通りが悪くなります。

鏡はドアに向かって左側に

玄関の内側からドアに向かって左側は「青龍《せいりゅう》位《い》」といい、ここに鏡をかけると財運がアップします。反対に右側は「白虎位《びゃっこい》」といって、鏡をかけるとケガや事故を招きかねません。

下駄箱の中も整理して

つい見過ごしがちな下駄箱の中の整理整頓も、いい気を呼び込むためには必要です。陰の気が淀みがちなので、空気の入れ替えや湿気対策も大切。

理想の玄関って？
鏡をかけるなら、玄関の内側からドアに向かって左側に。
泥落としのマットはドアの外側に敷いて、悪い気を玄関内に持ち込まない。
飾り物は1～3個に絞って。色あせたドライフラワーやホコリをかぶった物はNG。
傘は必要な分だけを、安定感のある傘立てに収納。
eco
靴べらは、下駄箱の側面など目立たないところに。
たたきにはゴルフバッグなどは置かず、すっきり広々とキープ。
上がり口にマットを敷くのは吉。清潔に保って。

東北向きの玄関でも心配なし！

東北は鬼門《きもん》にあたり、東北を向いた玄関は縁起が悪いと気にする人がいます。けれど、この思想は日本の方位学だけに見られるもの。中国本来の風水では、東北を忌み嫌うという発想はまったくなく、場合によっては大変縁起がよいとされることもあります。ただ、東北の方位は、五行《ごぎょう》でいう「土気」を意味するので、「土気」をあまり好まない体質の人にはよしとしない場合もあります。同様に、誰にでも相性のよくない方位があり、東北が悪いということではありません。気にしなくても大丈夫ですよ。

玄関

こんな玄関は悪運を呼ぶ！

色あせたドライフラワーやホコリをかぶった置き物がゴチャゴチャ。
骨の折れた傘や予備のビニール傘が傘立てからはみ出している。
コートかけに上着やカバンがかけっぱなし。
泥落としのマットがドアの内側に敷いてあると邪気が入り込む。
ゴルフバッグなどで狭苦しい。
ゴミ袋
ゴミ袋
みかん
宅急便の空き箱や大きなバッグなどが置きっぱなし。
ぬいぐるみや人形をたくさん飾るのはNG。いい気を吸い取られてしまう。
たたきのすみに砂ボコリがたまっている。
はいていない靴が出しっぱなし。

乱雑でホコリっぽい玄関には悪い気が淀んでしまう！

あなたは玄関の置き物をいつ飾ったか覚えていますか？　たたきに不必要な靴が並んでいませんか？　玄関を荷物置き場にしていませんか？　ひとつでも胸にズキンときたら、すぐにその状況をあらためてください。

気の入り口である玄関は、その家の運気を左右する重要な場所。どんなにリビングや寝室の風水に凝っても、玄関が雑然としていたら、幸運を呼び込むことができません。

いい玄関にするためには、整理整頓と掃除が大切。使っていない靴や傘は処分し、出しっぱなしの荷物は収納場所へ。たたきのすみやドアの桟までしっかり砂ボコリを掃き出し、水拭きして清めましょう。飾り物はホコリを払い、鏡はピカピカに磨き、マットは洗って汚れを落とします。これでラッキー玄関に早変わりです。

まずは掃除！ポイントはここ

飾り物

下駄箱や飾り棚の上は定期的にホコリを払いましょう。飾り物は1～3個程度に絞って季節ごとに取り替えると、色あせやホコリに気がつかないなんて失敗を防げます。

たたき

たたきに出ているものは、昨日はいた靴と傘立てだけにします。あとは別の場所に収納したり処分したりして、広々としたスペースを確保します。下駄箱の下や上がり口の下の空間など、ふだん目にしない部分も毎日ほうきで掃き出しましょう。できれば週に一回は水拭きをしてホコリを取り除き、玄関の空気を浄化します。

シューズボックス

靴は爪先を手前にして並べ、2年以上使っていないものは潔く処分を。入りきらない場合、季節はずれのブーツなどは紙箱に入れて押入れなどに収納しましょう。狭い空間にたくさん靴を並べるための便利グッズを利用するのもおすすめです。また、湿気や臭気がたまりやすいので、乾燥剤や脱臭剤を入れておきます。

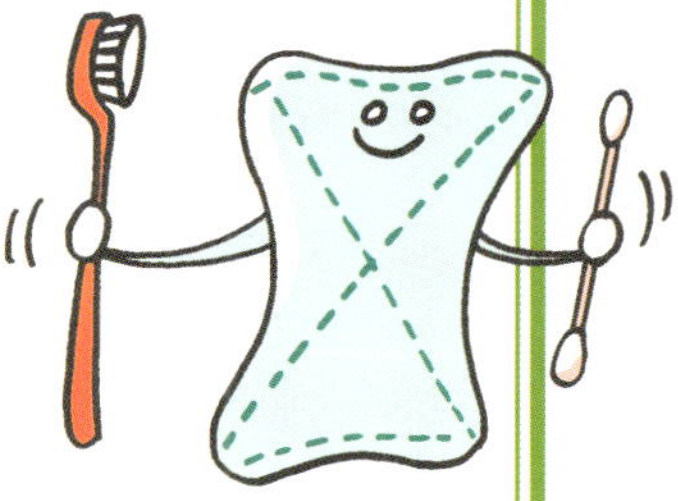

ドアや窓の桟

たたきから掃き出した砂ボコリがドアの桟にたまったままでは意味がありません。ほうきの先端でしっかりかき出し、必要なら小さなブラシや綿棒などですみずみまできれいに。窓がある場合も、桟にたまった汚れに注意して。また、ドアやドアの取手も拭き掃除します。

表札

忘れがちなのが表札。表札は家の顔でもあるので、これが汚いと悪い気を呼び込んでしまいます。雨の汚れやホコリなどをつけたままにしないで、定期的に拭き掃除をしましょう。また、玄関前の枯れ木や雑草、側溝にたまった枯れ葉なども放置しないでお手入れを。

鏡

幸運のスポットである「青龍《せいりゅう》位《い》」（玄関の内側からドアに向かって左側）に鏡があったとしても、手垢などで汚れたままでは運気ダウン。乾いた布で磨いて、ピカピカに保ちましょう。絵画が飾ってあったり窓がある場合も、ガラスをくもったまま放置しないで、月に一度はお手入れを。

悪い気をいい気に変える
カンタン！模様替えアイデア

玄関

運気倍増！のプチ改造術

開運インテリアで積極的に幸運をゲット！

玄関を掃除したら、次は開運インテリアを取り入れましょう！　たとえば汚れを落とすマット類は、邪気を家の中に入れないために有効なアイテム。玄関ドアの外側に泥落としのためのマットを、上がり口には綿やウールなど天然素材のマットを敷きましょう。間接照明で玄関の雰囲気を明るくしたり、観葉植物で空気を浄化すると、いい気を呼び込みやすくなります。また、傘立ては小さすぎず安定感のあるものが吉。鏡は玄関内からドアに向かって左側に置くと、財運が高まるでしょう。

さらに、飾る小物も運気上昇の効果があるものを選びましょう。季節の花や思わず微笑んでしまうようなユーモラスな置き物は、歓迎ムードがあるので対外運をアップさせてくれます。金魚鉢や水槽を置くと、外から入ってきたいい気を水にためて逃がしません。

1 玄関に造り付けの大きなクローゼットがあったら

玄関の空間を圧迫するほど大きな下駄箱やクローゼットがあると、気の通りが悪くなって悪い気が淀みがちです。造り付けで取り除けないのなら、その前に観葉植物を置いて空気を浄化し、いい気を通しましょう。

2 玄関のドアに向かって右側に鏡があったら

玄関の内側からドアに向かって右側は「白虎位《びゃっこい》」といって、ここに鏡があると家族のケガや事故が心配されます。もし鏡が右側にあったら、左側へ移動を。鏡が造り付けで移動できない場合は、布をかけるなどして隠しておくと安心です。

3 玄関の居心地が悪く感じられるなら

間取りや立地条件によっては、どうしても玄関が閉鎖的になり、空気が淀んでしまうこともあります。小皿に盛塩をしたり、花や観葉植物を置いたりして空間を浄化しましょう。翌朝出すゴミを玄関に置いておく習慣はNG。すぐにやめましょう。

4 自然光が入らず暗い玄関だったら

暗い玄関は運気を落とします。照明をより明るいものに変えたり、間接照明を足して玄関を明るくしましょう。また、明るい色のマットや小物、生花などで、明るい雰囲気づくりをするのも吉。

other

玄関と反対側の窓とがまっすぐ突き抜ける間取りだったら

玄関のドアの正面に反対側の窓が見通せるような造りの家は、入ってきた気が家の中をめぐらず素通りするため、あまり好ましくありません。玄関と窓との間に観葉植物やついたてを置いて、いい気が通り過ぎないようにします。

玄関のすぐ前に階段やトイレがあったら

玄関の目の前に階段があると、お金のために苦労してたくさん働くハメになりそう。また、玄関を入ってすぐにトイレがあると、空気が淀んで健康運に悪影響が出る恐れがあります。観葉植物を置いて、邪気をやわらげましょう。

玄関

生まれた季節別 あなたの開運アイテム

春

2/4 ～ 4/17
生まれ

イエロー系やどっしり安定感のある置き物が吉

照明には、温かみのある黄色い光を。蛍光灯を白熱灯色に替えたり、照明カバーにイエロー系を選びましょう。

置き物を飾るなら、陶磁器でどっしりとしたデザインのものがおすすめ。ゾウやラクダ、亀などの動物モチーフを選ぶと吉。

恋愛運を高めたいなら、黄色い切花を飾りましょう。

夏

5/6 ～ 7/20
生まれ

フェミニンなインテリア小物がラッキーアイテム

夏生まれには丸い形が吉です。球状の間接照明を置いて玄関を明るく演出しましょう。

ビーズやレースなどフェミニンな印象の小物を飾ると、夢が実現するでしょう。

丸い花瓶に白く可憐な花を活けると、幸運度がアップします。

冬

11/8 ～ 1/16
生まれ

ビビッドカラーと三角形がキーワード

切り立った山や、先端が尖った山の写真・絵を飾ると運気アップ！

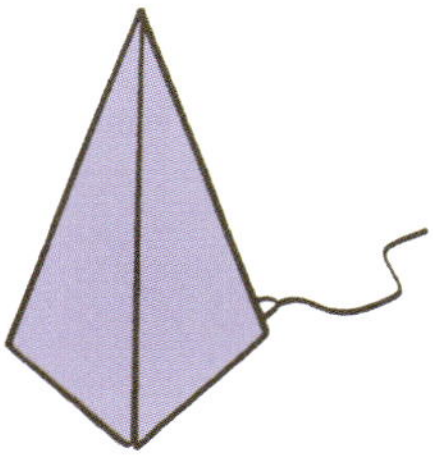

三角形やタワー型の間接照明を取り入れるのがおすすめです。

花を飾るなら赤が吉。特にアンスリウムは、赤い上に形も三角形で、冬生まれの人に幸運を運んでくれるでしょう。

秋

8/8 ～ 10/20
生まれ

植物のパワーをたっぷり取り入れて！

アイビーなどの小さな観葉植物を飾ると、学習意欲が増して資格取得や仕事に役立ちます。

マットなどの小物類にはグリーン系を選ぶとラッキーパワーが倍増！

葉っぱモチーフも吉。葉っぱ模様のマットを敷いたり、葉っぱをデザインした小さな額を飾るのもいいでしょう。

土用

1/17～2/3、4/18～5/5、7/21～8/7、10/21～11/7
生まれ

海に関するグッズが幸運を呼ぶ！

貝殻や魚など海に関連するモチーフの小物で玄関を飾りましょう。

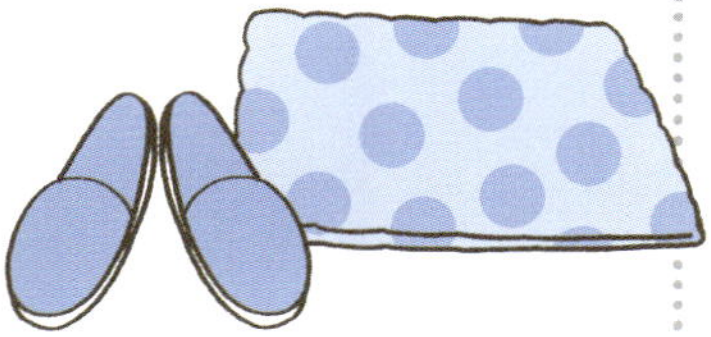

マットやスリッパなどの必須アイテムには、ブルー系を選びます。

ガラス製品が吉。クリスタルの置き物を飾ったり、花瓶はガラス製を選ぶのがおすすめです。

部屋別アドバイス

キッチン＆ダイニング

全体運を決める要注意エリア
汚れやすいキッチンには
風水が大活躍！

水垢や生ゴミなどで汚れやすいうえに、調理道具などが細々とあるキッチンは、どうしても乱雑になりがちなところ。すっきり清潔をよしとする風水でみると、少しの油断で運気をダウンさせやすい場所です。汚れや乱雑さを放っておくと、健康運や財運低下を招くことも。キッチンはつねに整理整頓し、清潔に保ちましょう。

また、「水剋火《すいこくか》」といって、「水気」と「火気」はお互いに関係が悪く、避けたい状態とされます。「水気」の水道、「火気」のガスコンロなどが同居するキッチンは、とてもやっかいな場所。間に観葉植物や生花、果物などを飾って、悪い相を緩和させましょう。

気を体内に直接取り込む場所であるダイニングも、見逃せないスポットです。テーブルクロスや花、ランチョンマットなどを利用して、明るく楽しい雰囲気を演出しましょう。

運気アップ！ 4つのオキテ

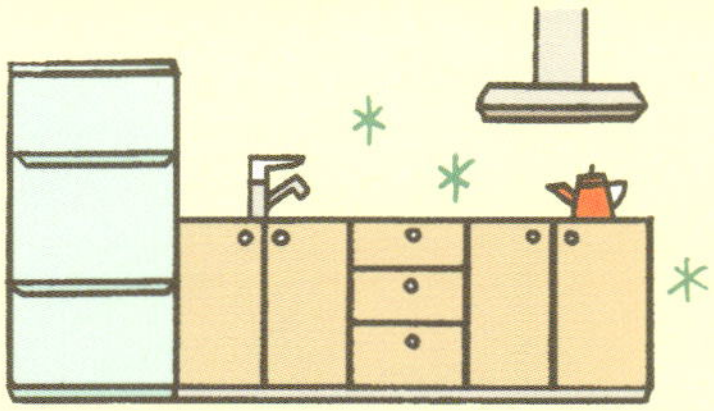

キッチンを清潔にして健康に！

キッチンの汚れは内臓の働きに悪影響を及ぼし、生ゴミの悪臭は家の中の気を汚します。キッチンはこまめに掃除して清潔に保ち、調理道具などは引き出しや戸棚に収納しましょう。

「水と火の相剋」を植物で緩和

水道、食器洗浄器などの「水気」と、ガスコンロの「火気」が隣接していると、男女の仲に悪影響が。植物や果物、グリーン色のものを置き、「木気」で「水と火の相剋《そうこく》」を転化します。

冷蔵庫を整理して心の中もすっきり

冷蔵庫の中の汚れは、心の汚れ。賞味期限切れの食品や調味料はすべて処分して整理整頓を。生鮮品や調味料の汚れがつきやすいので、定期的に庫内を拭き掃除して清潔に保ちます。

ダイニングは明るく楽しく

ダイニングは、食事と一緒に気を体内に直接取り込む大切な場所。明るく楽しい雰囲気のほうが、いい気をたっぷり取り込めます。テーブルはキッチンやトイレから離れていたほうが吉。

理想のキッチン&ダイニングって？

シンクはピカピカで、台には余分なものが置かれていない。
水道の蛇口とガスコンロが離れている。
換気扇は定期的に掃除されている。
三角コーナーの生ゴミは片付けられている。
ガスコンロの油汚れは拭き取ってある。
フライパンや鍋、包丁、食器類は収納されている。
タオルや布巾は漂白されて真っ白。
明るい照明が、テーブルの中央にバランスよくある。
キッチンから離してテーブルを置いてある。
生花や観葉植物が飾られている。
テーブルに明るい色のクロスがかかっている。

キッチン&ダイニング

こんなキッチン&ダイニングは悪運を呼ぶ!

調味料が雑然と並んでいる。
シンクの中に水垢や汚れがあり、三角コーナーの生ゴミが出しっぱなし。
換気扇が油で黒ずんでいる。
水切りカゴが食器置き場になっている。
ガスコンロが汚い。
期限切れの缶詰や乾物がある、ジャガイモや玉ねぎから芽が出ている。
ガスコンロのそばに包丁がある。
テーブルの上に雑誌や郵便物が積んである。
テーブルの色調が暗い。

雑然としたキッチンはNG! 徹底して掃除と片付けを

ガスコンロの汚れは胃腸の働きを低下させ、換気扇の汚れは呼吸器に悪影響を及ぼします。生ゴミの腐敗は人間関係を悪化させ、悪臭は気の流れを阻害。調理道具の出しっぱなしは、人のエネルギーを奪います。冷蔵庫の中の汚れは運気をダウンさせるし、刃物類をガスコンロのそばに置くと「火剋金《かこくきん》」になり、財産を奪われる危険も。雑然としたキッチンは多くの悪運を招く元凶。徹底的な掃除と片付けが必要です。

シンク下や食器棚、冷蔵庫などをチェックして、賞味期限切れの食品や1年以上使っていない皿、壊れた調理器具は処分。キッチンの上に出ているものは整理して収納。シンクやガスコンロ、換気扇はピカピカに磨きます。

ダイニングもつねにすっきりと清潔な状態を保ち、照明のホコリや食べこぼしのシミなども取り除きましょう。

まずは掃除！ポイントはここ

冷蔵庫

冷蔵庫の中は、液体のシミや野菜くずなどで汚れています。賞味期限切れの食品を処分したら、庫内をきれいに拭き掃除。必要なものだけを整理して保存します。冷蔵庫が空になってから買い物に行く、生鮮食品は小分けして冷凍するなどの工夫で、冷蔵庫はつねにすっきりと。

食器棚・食品ストッカー

1年以上使っていない皿、欠けた茶碗などは潔く処分しましょう。いただきものの高級な食器や大皿など、使用頻度の低いものが食器棚を占領しているようなら、箱に入れて別の場所に収納。食品ストッカーの中の賞味期限切れの缶詰や、芽が出た野菜類も処分します。

ダイニングテーブル周辺

テーブルの上に散らかった雑多なものは、定位置を決めて片付けましょう。テーブルの周辺に物が置かれて椅子が出し入れしにくいという状態も、気の流れが滞ってよくありません。周辺は広く保ちましょう。テーブルの上を照らすペンダントライトも月に一度は掃除します。

ガスコンロ・換気扇

ガスコンロ周辺はどうしても汚れやすいところ。使うたびにすぐ拭き掃除をすれば、簡単に汚れが落ちるし、いつもピカピカの状態を保てます。すでに汚れているのなら、中性洗剤や重曹を使って磨きましょう。手に負えなければ掃除のプロに依頼を。

シンク周辺

三角コーナーの生ゴミを翌朝まで持ち越してはいけません。ビニール袋などに密封し、フタ付きのゴミ箱か、戸外の日の当たらないところに置いたゴミ箱に処分します。また、シンクは乾拭きしておくと、水垢やカビの発生を抑えられます。水切りカゴや排水口の掃除も怠りなく。

シンク下の収納

壊れた、あるいは使っていない調理器具、開栓したまま放置された酒類や調味料などは処分。床面を拭き掃除して、仕切りネットなどを利用して、必要なものだけを取り出しやすいように収納しましょう。シンク下は「水気」が強いミネラルウォーターや調味料などの置き場所にします。

キッチン&ダイニング

運気倍増！のプチ改造術

誰でもできる簡単な工夫で幸運なキッチンに様変わり！

悪い気をいい気に変える

カンタン！模様替えアイデア

火を扱うキッチンには、風水においても重要なルールがいくつかあります。けれど今の家はたいていシステムキッチンで、たとえば「ガスコンロの場所が悪いから移動させて」といっても、難しい注文かもしれませんね。

ですが、あきらめなくても大丈夫。誰にでもできる簡単な模様替えで、マイナスの運気を一気に好転させることができます。たとえば、玄関から入ってきた気がまっすぐ当たる位置にダイニングテーブルが置いてある場合は、仕事で苦労するおそれがあるので、テーブルを移動させます。ガスコンロの近くは陽の気が強くなりすぎてカッと怒りやすい性質になるため、また、トイレの近くは汚れた気が食卓に流れるためNGです。うまく移動できないときは、ついたてやのれんを利用すれば、気を直接受けないようにできます。

1 ガスコンロの向こう側に壁がないのなら

流行のカウンター式やアイランド型キッチンなどで、ガスコンロの向こう側に空間が広がっているのは好ましくありません。ついたてを立てるか、油ガードなどを立てて壁を作りましょう。

2 ガスコンロが家の中心または西北に位置していたら

家の中心に火の元があることを風水では嫌います。また、家の中心からみて西北に位置していると、「火剋金《かこくきん》」になって仕事運がダウン。ガスコンロを移動できないのであれば、電力を使うIH調理器に取り替えるのがおすすめです。

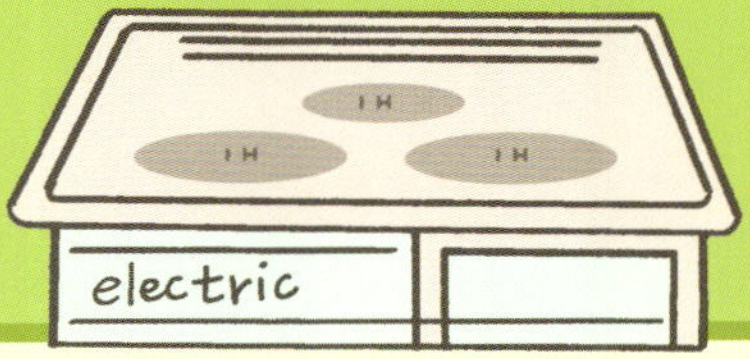

3 キッチンが家の西南に位置していたら

南や西南からの直射日光が当たるキッチンは、熱気がこもって食べ物が腐りやすい位置。腐敗は凶を招くもとで、人間関係の悪化につながります。窓があるならブラインドを下ろすなどして日光をさえぎりましょう。

4 洗ってもシミの落ちない布巾があったら

汚れは凶の象徴。シミがついた布巾、テーブルクロス、お手拭きなどを使うことは、自らすすんで凶を手や料理にくっつけているようなものです。こまめに漂白し、それでも落ちないシミが残るようなら、潔く処分しましょう。

5 照明が座席の頭上に来る位置にテーブルがあったら

ダイニングテーブルの上をペンダントライトで明るく照らすのは吉です。けれど、ペンダントライトの位置が、席についた人の頭上にくるのは避けてください。照明はテーブルの中央にバランスよく配置しましょう。

other 密閉性を感じるキッチンだったら

閉鎖的なキッチンは酸欠を招き、金運、対人運を悪くしてしまいます。ドアはいつも開放して空気を流通させ、隣室との出入り口をふさぐ物は移動して、オープンな雰囲気にしましょう。ただし、玄関からの気がまっすぐ当たる位置にダイニングテーブルがこないようにご注意を。

キッチン&ダイニング

生まれた季節別 あなたの開運アイテム

春

2/4 ～ 4/17
生まれ

素朴なデザインで落ち着いた毎日を

ダイニングには、低くどっしり感のあるテーブルに、座面が布張りの椅子を組み合わせて。地に足が着いた人生を送れるでしょう。

食器に土のぬくもりを感じさせる陶器をそろえると、夢ばかり追いかけず現実を見つめた判断力が養われます。

キッチン棚やワゴンには、タイルを貼り合わせて装飾したものがラッキーです。

夏

5/6 ～ 7/20
生まれ

金属を取り入れると信念が貫ける！

金属製のスプーンやフォークをいつもピカピカに磨いておくと幸運が訪れるでしょう。

角のない丸テーブルにすると、素直に相手を思いやれるようになります。金属製のものがおすすめ。

食器棚は洋風が吉。クラシックなデザインなら社会運が、ロココ調の装飾があるなら金運がアップ。

冬

11/8 ～ 1/16 生まれ

温かみのある演出が幸運を呼ぶ！

ダイニングテーブルにキャンドルを灯して食事をすると、あたたかく幸せな気分になれます。

テーブルクロスやランチョンマットは幾何学模様を選んで。皿はビビッドカラーの三角形が吉。

赤いプラスチック製の椅子にすわると、斬新なアイデアが浮かぶでしょう。

秋

8/8 ～ 10/20 生まれ

植物の天然パワーで癒しの空間に

木製テーブルに、草花をあしらったグリーンのテーブルクロスをかけると、食事タイムが和やかな雰囲気に。

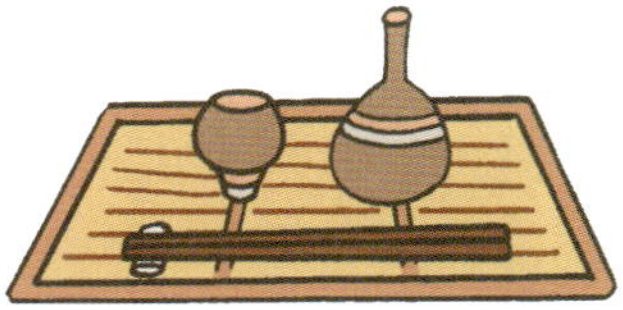

箸やしゃもじ、ランチョンマットなどに竹製のものを選ぶと幸せになれます。

ダイニングテーブルには籐の椅子を組み合わせるのが吉。住む人に安らぎと癒しを与えてくれるでしょう。

土用

1/17～2/3、4/18～5/5、7/21～8/7、10/21～11/7 生まれ

ガラス製品や青いクロスが感性を高める

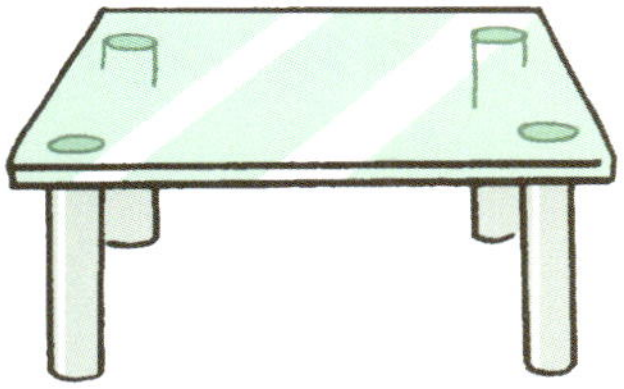

薄いブルーのガラスの天板に金属の足を組み合わせた、モダンなテーブルが幸運を呼びます。

美しいガラス製のサラダボウルやグラスで開運。美しければ美しいほど効果大です。

紺碧の海のように深いブルーのランチョンマットを使うと、心が穏やかになれます。

部屋別アドバイス

リビング

人が集まるリビングは心癒す空間 日当たりよく広々としたイメージに

リビングは人が集まり交流する場所。風水をうまく取り入れれば、社交運をアップさせることができます。また、リビングは心を癒す場所でもあるので、居心地のいい空間に整えて、心と体の健康に結びつけましょう。

幸運を呼ぶリビングは、日当たりがよく広々とした空間に、明るく温かみのある色づかいが基本です。圧迫感を感じる大きな家具は中央には置かず、飾り物も最小限に。金属やガラス素材の多用、モノトーンなどのクールな色づかいは、運気を下げるので避けましょう。散らかっているのもNGなので、こまめに片付けて、当日の新聞以外は何も出ていない状態を保ちます。

また、入り口の対角にある「財気位《ざいきい》」にソファや観葉植物を置くと、思わぬ収入に恵まれるかも。ここが汚れていたり、家具でふさがれていたりするのは大凶になるのでご注意を。

運気アップ！ 4つのオキテ

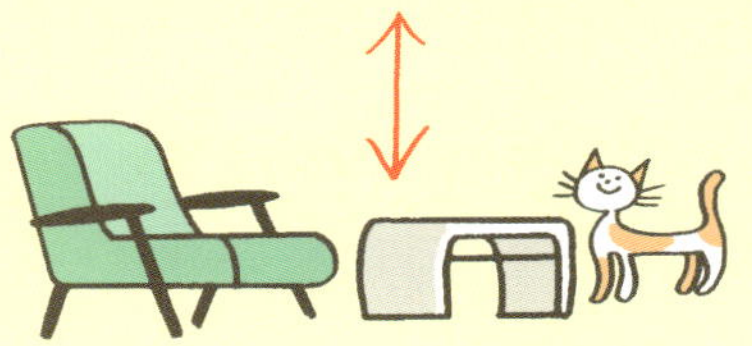

すっきり広々とした空間に

低いソファやテーブル、ローチェストなどを選び、広々とした空間に見せましょう。物は出しっぱなしにせず、不要なものは潔く処分して、すっきり片付けておくことも大切です。

心地いい明るさに光を調整

風水は陰陽のバランスが大切。日差しが強すぎると、言い争いや散財の恐れがあるので、ブラインドやカーテンで光を調節しましょう。反対に暗いリビングなら、照明で明るさをプラス。

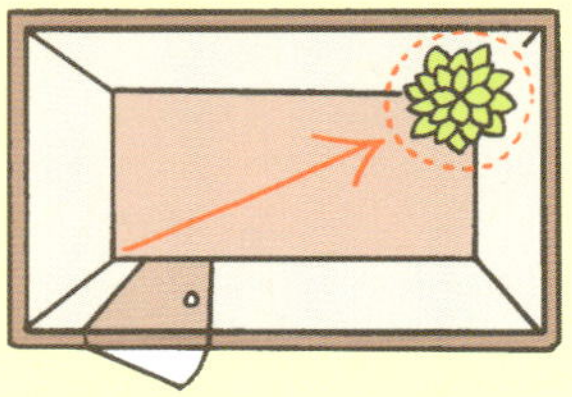

とくに「財気位」に気を配って

「財気位」とは、出入り口の対角に当たる位置で、気が集まるスポットです。ここに大型家具や造花、不要品を置くのは大凶。ソファや観葉植物を置いて運気を高めましょう。

すき間のホコリも見逃さない

テレビ台の後ろ、ソファと壁の間、本棚の棚板など、ふだんの掃除ではつい見逃してしまいがちなホコリも、運気をダウンさせる原因に。天井や壁の高いところもチェックして。

理想のリビングって？

電話やファックスは小型のもので、家の中心から離れたところにある。

「財気位」に鮮やかなグリーンの観葉植物が置いてある。

家電の配線がすっきりまとめられている。

カーテンはきれいに洗われ、窓ガラスには汚れや手垢がついていない。

CDやDVDをきちんと分類して収納してある。

部屋の中央の家具は圧迫感のないもの。

ローテーブルの上には当日の新聞だけ。

ラグマットは落ち着きのあるアースカラー、ソファは、明るく温かみのある色合いのもの。

和室のリビングはシンプルに

和室は、すっきりシンプルに整えれば、心が安らぎ健康運も高まるでしょう。障子で光をやわらげ、低い木製のテーブルに落ち着いた色合いの座布団を組み合わせます。洋風の家具を置いたり、畳の上に物を積み上げたりするのはNG。すわったまま必要なものすべてに手が届く、なんていう状態は運気を大きくダウンさせます。押入れの中の整理整頓も大切。定期的にチェックして不要なものは処分し、空間にゆとりをもたせます。畳の部屋や押入れは陰の気がたまりやすいので、こまめな換気もお忘れなく。

引き出しに写真や年賀状がゴチャッと突っ込んである。
圧迫感のある背の高い家具がある。
家具が入り口をさえぎって狭くしている。
「財気位《ざいきい》」に置かれた棚と壁のすき間に、不要品が詰め込まれている。
テレビ台の下で配線がからまりあってホコリだらけ。
観葉植物が枯れかかっている。
レースのカーテンは薄汚れ、窓ガラスには雨汚れや手垢がついている。
ラグマットに髪の毛やお菓子の破片などが落ちている。
エアコンのすぐ下にソファを置いてある。ソファには、脱いだ上着がかかっている。
古雑誌が床に平積みされている。
テーブルの上にリモコン類や古新聞などが出しっぱなし。

リビング

こんなリビングは悪運を呼ぶ!

いつのまにか物がゴチャゴチャ…心が貧弱になって運気ダウン!

人が集まるリビングは、何かと物が増えがち。ゴチャゴチャ乱雑な状態は、リビングの空間を狭くし、気の流れを乱してしまいます。たとえ見えない部分でも掃除を怠っていると、リビングに悪い気が流れ、運気が大幅にダウン。心が貧弱になって社交運が下がり、仕事運も財運も低下してしまいます。

そうならないために、今すぐリビングの大掃除を決行! 不要なものは潔く処分したりほかに移したりして、テーブルの上には当日の新聞が置いてあるだけの状態まで片付けてください。本棚やチェストの中身も整然と並べます。

そして、ラグマットやカーペットにはていねいに掃除機をかけ、すき間やコンセントプラグにたまったホコリをすべて拭き取り、カーテンを洗って窓も磨きます。これで、心とお財布の貧乏回避作戦、成功です!

まずは掃除！ポイントはここ

写真や年賀状、手紙類

写真は大切なものだけを厳選して写真立てに飾り、あとはアルバムやファイルに整理します。思い出にしがみついていると運気を下げるので、２年以上前の年賀状は処分しましょう。過去のラブレターや好きだった異性の写真を大事に持っていると、恋愛運がダウンします。

季節はずれのもの

夏なのにストーブが、冬なのに扇風機が出ているなんて状態は凶を呼びます。リビングは収納の場ではありません。使わないものは、押入れや納戸などほかに場所をつくって片付けておきましょう。

目に見えないスポット

テレビ台の後ろやソファと壁のすき間など、ふだん目にしない場所のホコリを掃除すると、小さな悩み事が減るはずです。特に、「財気位」に不要品やホコリがたまっているのは大凶。片付けと掃除を徹底してください。

天井・壁・床・カーテン

天井や壁のくもの巣は、いい気が流れるのを邪魔するので凶。ラグマットやカーペットのゴミは、小さなトラブルに悩まされる予兆です。カーテンもよく見るとけっこう汚れているはず。半年に一度は洗うようにしましょう。

雑誌・新聞・CD・DVD

古い新聞や雑誌が出しっぱなしなのはNG。潔く処分して、すっきりさせましょう。必要な分は専用のラックに収納を。CDやDVDはオーディオラックなどの中にきれいに整理して並べ、趣味に合わなくなったものは処分します。

装飾品・置き物

すっきり広々した空間を目標に、装飾品は最低限に抑えましょう。こまめに掃除をし、興味がなくなった置き物は処分します。植物は陰の気を浄化してくれるので吉。窓辺に生花や観葉植物を置くといいでしょう。

悪い気をいい気に変える

カンタン！模様替えアイデア

リビング

運気倍増！のプチ改造術

美的センスを発揮して 開運リビングに模様替え

リビングを片付けたら、もうひと頑張りして簡単な模様替えをしてみましょう。今まで以上に心地よく、気の流れもスムーズになって、笑顔と幸運をもたらすこと間違いなしです。

リビングは大型の家具や家電が多いエリアなので、いくら風水的に好ましくないからといって、一度に家具の配置を変えるのはちょっと大変。あせらず時間をかけて、楽しみながらプチ改造してください。最初はクッションカバーを自分の五行《ごぎょう》に合うカラーリングのものに替える、ソファの位置をちょっとずらす、といった簡単なことから始めましょう。

リビングは家主のセンスが光る場所です。美しく見せよう、きれいに飾ろうと工夫することで、美的感覚が研ぎ澄まされるので、ファッションやメイクのセンスアップも期待できます。

部屋別
リビング

1 「財気位」には ソファや観葉植物を

リビングの入り口からみて対角の「財気位《ざいきい》」は、いい気が集まるとされる、とても重要なスポット。「財気位」に元気に葉が茂った観葉植物を置くと、金運がアップするでしょう。ソファを置くのも、座る人にいいエネルギーが充電されるのでおすすめです。

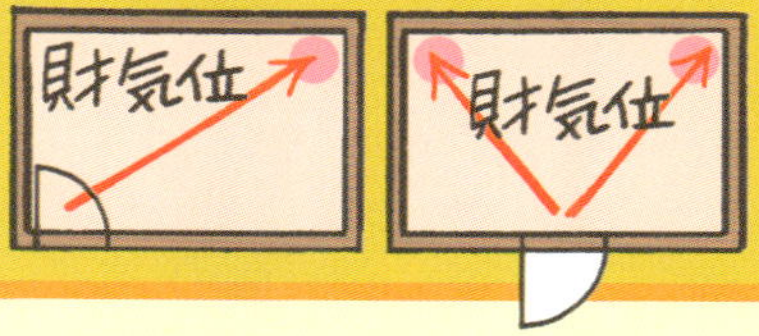

2 日当たりに 問題があるなら

日差しが強すぎると、住む人は自説を譲らなくなり、興奮しやすく、口論が多くなります。カーテンなどで光を調節しましょう。一方、日当たりが悪い場合は、陰の気が満ちて気持ちが後ろ向きに。白熱灯色の温かみのある照明で明るさを足し、南欧風などの明るいインテリアに模様替えを。

3 床の素材が住む人の性質に 合っていないなら

カーペットやラグ、畳は陰の気を、フローリングは陽の気を強めます。せっかちで騒々しい性質の人は、天然素材のカーペットやラグを敷くと落ち着きが出るでしょう。おとなしい性質の人なら、フローリングに替えるかフローリングに見せる敷物を敷くと、明るく活動的に。

4 ソファのそばに 大型家電を置かない

ソファは家人が長い時間くつろぐスポットです。そのそばにテレビやエアコンといった大型家電があると、ソファにすわった人の判断力をそこなわせます。ソファのそばには家電製品が置かれていない配置にしましょう。

other

リビングの出入り口が狭苦しい感じなら

リビングの出入り口は、壁に凹凸がなく平坦で、広く開放感のある状態が理想的です。家具が出入り口まではみ出していたり、入ってすぐソファが置かれていたりといった配置は、気の流れが滞ってよくありません。家具を移動させて、入り口を広く保ってください。

家の中心に大きなものがあったら

家の中心点は、とても大切なスポット。リビングが家の中心にあるのは吉ですが、大型の家具や家電、オブジェなどがデンとあると、気の流れを阻害してしまいます。また、家の中心点には火気も凶。暖炉やストーブ、こたつなどは、家の中心から離れたところに。

リビング

生まれた季節別 あなたの開運アイテム

春

2/4 ～ 4/17
生まれ

低く横広がりな イメージで心が安定

ベージュやブラウンを基調にアースカラーでまとめ、イエローやオレンジでアクセントをつけましょう。

ベーシックな四角形のソファで、ゴワッと素朴な手ざわりの布張りを選ぶと、安定した生活がおくれます。

イエロー系のカーテンが吉。知性やコミュニケーション能力を磨くならレモンイエローを、金運や仕事運を高めるなら山吹色がおすすめ。

夏

5/6 ～ 7/20
生まれ

金属や球形が はやる心を静めます

丸みのあるソファを選びます。白い革張りで宇宙船を思わせるようなフォルムなら、さらに幸運が舞い込むでしょう。

洋風の家具や繊細なカフェカーテンなどで女性らしさを漂わせると、お調子者の性格に落ち着きと優雅さを与えてくれそう。

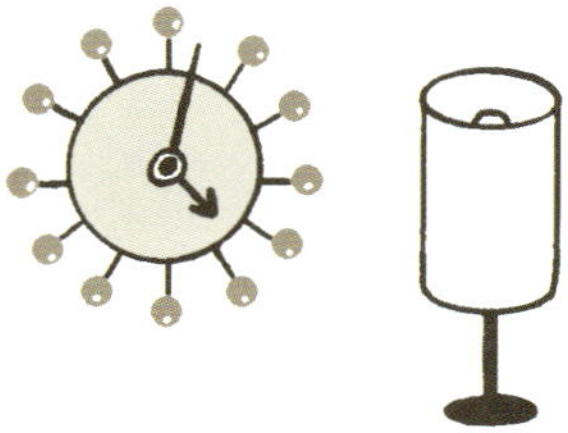

置き物や時計に金属素材を取り入れたものを選ぶと、集中力や判断力が養われるでしょう。月や天使のモチーフも吉です。

冬

11/8 〜 1/16
生まれ

暖色系カラーで 心を活気づけ運気上昇！

ソファは革張りが吉。赤いレザーのソファを選べば、恋に仕事に情熱的になれます。

ランプやキャンドルを飾るとあたたかな気持ちに。太陽の絵や写真を飾れば、さらなる幸運が舞い込むでしょう。

布のカーテンではなく、プラスチック製のブラインドがラッキーアイテム。華のある人になり、社交運がアップ。

秋

8/8 〜 10/20
生まれ

自然素材が緊張感を 解き放ちます

家具は木や竹、籐、綿、麻などの自然素材でできたものが吉。グリーンを基調に葉や花模様を取り入れましょう。

観葉植物をリビングのアクセントにすると、おだやかないい恋愛ができそうです。

窓辺には木製のブラインドやロールカーテンを。知性が高まり、資格取得などの願いが成就するでしょう。

土用

1/17〜2/3、4/18〜5/5、
7/21〜8/7、10/21〜11/7
生まれ

流線型を意識すると 物事に対して柔軟に

アクアリウムや水盆など水に関するものを飾ると、発想が豊かになり仕事やクリエイティブな面でうまくいきます。

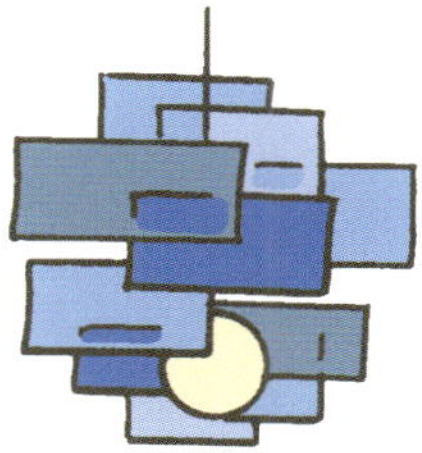

薄いガラスを何層にも重ねたような照明がおすすめ。きらきら輝く光が精神を清めてくれます。

大切なものは、ガラスをはめ込んだ木製の棚に。クリスタル製の貝がら、波型のお皿や丸みのあるベネチアングラスの置き物で運気アップ。

部屋別アドバイス

トイレ

金運と健康運に直結！
清潔なトイレこそ満願成就のカギ

トイレは玄関、寝室と並んで、風水3大重要スポットのひとつ。トイレが汚れていると不浄な気が家全体に広がり、あらゆる運気を下げる元凶に。反対に、トイレ掃除を重点的にすれば運気はどんどん高まります。

特に金運と健康運には密接な関係があり、不衛生なトイレだと、金運が逃げていってしまうだけでなく、体調にも悪影響が。反対に便器をピカピカに磨き上げていれば、収入が増え、財産が蓄えられることでしょう。清潔で明るいトイレなら気分よく排泄できて、体の中も浄化され、さわやかで軽快な毎日が送れるようになります。

目指すは〝居心地のいいトイレ〟。便器や床をすみずみまで掃除して臭気を断ち、陰の気がこもらないよう、こまめに換気をします。小物は整理整頓し、明るい色で陽の気を増せば、バラ色の未来が開けること間違いなし！

運気アップ！ 4つのオキテ

カバー類は明るい色に統一

インテリアに暗く濃い色を使うと、陰の気がこもって凶を呼びます。カバーやマットなどはピンクやオレンジ、クリーム色、水色など淡く明るい色にして陽の気を増しましょう。

とくに便器はピカピカに！

できれば、トイレは毎日掃除しましょう。便器を念入りに磨き上げると、金運が大きくアップ。床や手洗いのボウルなども磨き、カバーやマット、タオルなどもひんぱんに洗濯を。

トイレを広く見せる

便器用のブラシや洗剤、トイレットペーパーなどが床に置いてあると、トイレが狭苦しく雑然とします。小物類は一か所にまとめて目に見えないように収納し、すっきり広々させましょう。

ニオイを断つ！

便器のフタやドアはきちんと閉め、嫌なニオイや陰の気を家の中に広げないようにします。窓や換気扇で換気し、芳香剤やお香、ポプリなどで空気を浄化しましょう。

理想のトイレって？
窓または換気扇があり、つねに換気されていて、嫌なニオイがしない。
インテリアが淡く明るい色調に仕上げられている。
手洗いボウルも便器もピカピカに磨かれている。
掃除道具や予備のトイレットペーパーが一か所に収納されている。
タオルやカバー、マットなどがきちんと洗濯されていて清潔。
便器のフタやトイレのドアがきちんと閉めてある。
床のすみまで掃除がゆきとどいている。

トイレ

こんなトイレは悪運を呼ぶ！

換気しておらず、空気がこもって嫌なニオイがする。
黒ずんできたタオルを使い続けている。
便器のフタはいつも開けたまま。
手洗いボウルが黒ずんでいる。
温水洗浄便座のノズルが黒ずんでいる。
掃除道具がそのまま床に置いてある。
予備のトイレットペーパーが、床に置いてある。
掃除ブラシの毛が乱れている。
カバーやマットは一週間以上洗っていない。
床の奥のほうにホコリがたまっている。

陰気なトイレは凶を呼ぶ！とにかく清潔第一を心がけて

トイレ掃除のコツは、用を足すたびにささっと軽く掃除して、汚れをためないことです。便器の内側をブラシで磨き、便座もトイレットペーパーでさっと拭きます。これなら10秒程度なので、慣れれば苦にならないはず。

細かな部分は週に1回のペースで掃除しましょう。便座の内側の目に見えない部分、手洗いボウルや便器の外側も磨き、床も除菌洗剤を使って拭き掃除。タンクの後ろ側など手が届きにくい部分も、柄のついたスポンジなどを利用してきれいに拭きましょう。

また、カバーやマット、タオルも臭気の原因になるので、こまめに洗濯を。シミがついたものは運が落ちるので、汚れたら買い替えます。掃除道具も古くなったら取り替え、使った雑巾は1回で捨てます。使い捨ての掃除シートなどを利用するのもいいでしょう。

部屋別

トイレ

まずは掃除！ポイントはここ

タオル、カバー、マット類

タオルはこまめに洗って取り替えましょう。便座カバーやマット、スリッパも、用を足したときの飛び散りや汗がついて臭気を放つ原因になります。週に一度は洗い、シミなど汚れが目立ってきたら新しいものに買い替えます。

床

週に一度は除菌洗剤を使って床磨きを。タンクの後ろ側など手の届きにくいところも、柄のついたスポンジなどを利用してきれいに拭きましょう。また、予備のトイレットペーパーや掃除道具は床に直置きせず、収納棚を設置して目に見えないように収納します。

空気

入った瞬間に何か嫌な感じがするのは、陰の気がこもっている証拠。窓や換気扇を使ってつねに換気し、盛塩やお香、ポプリなどで空気を浄化してください。市販の消臭剤を利用してもいいでしょう。グリーン系やフローラル系などやさしい自然の香りが吉です。

便器の内側・外側

黒ずんできてから掃除するのでは、なかなか汚れは落ちません。使うたびにブラシで磨き、週に一度は細かな部分まで念入りに。便座の内側は古い歯ブラシなどで、便器の外側は雑巾で磨き上げます。フタや便座の裏側もていねいに。

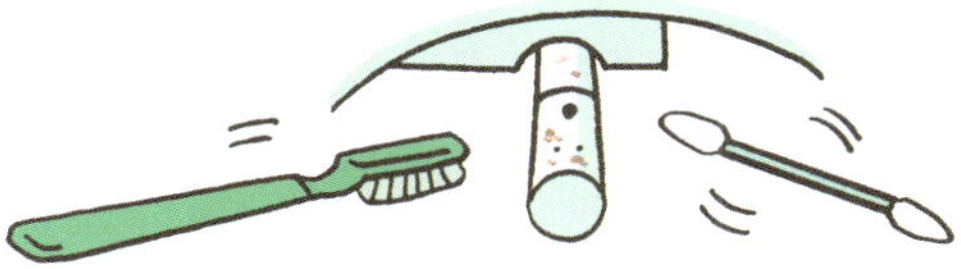

温水洗浄便座のノズル

意外と見落としがちなのが、温水洗浄便座のノズル。取り扱い説明書に従ってノズルを引き出し、洗剤と綿棒や古い歯ブラシなどを使って掃除しましょう。泡でつけおき洗いする専用洗剤も市販されています。

掃除道具

掃除道具についた汚れを放置していると凶を呼びます。使った雑巾や古歯ブラシなどはそのたびに処分を。雑巾のかわりに、トイレに流せる使い捨ての掃除シートがあると便利でしょう。また、便器用ブラシも汚れたり毛が乱れたりしたら、新しいものと取り替えます。

トイレ

運気倍増！のプチ改造術

室内を明るく演出すれば陽の気が増して幸運に！

悪い気をいい気に変える

カンタン！模様替えアイデア

トイレは陰の気がたまりやすく、また、不浄のスポットであるがために間取りに関する風水ルールもいくつかあります。けれどご心配なく。ほんのちょっとした模様替えで、悪運を幸運に変えることができます。

まず、陽の気を増すために、インテリアを明るい色合いにしましょう。壁紙やドアの色から変えられれば完璧ですが、タオルやマット、スリッパなどのファブリック類を買い替えるだけでも、ぐんと明るい雰囲気になるはず。また、お気に入りの写真や絵を飾るのも吉。圧迫感を与えないよう小型で、やさしいイメージの絵柄がおすすめです。生花の一輪挿しやミニ観葉植物もいいでしょう。

家の中での位置が好ましくない場合は、ついたてやのれんなどを利用することで、運気を上向きにできます。

1 便座がベッドの方向に向いていたら

便座が、ベッドで寝ている人の頭の部分を指している場合、その人に凶をもたらします。すぐに寝室を変えるか、ベッドを移動させて便座が頭のほうを向かないようにしてください。

2 インテリアは淡く明るい色で統一

陰の気がこもりやすいトイレに陽の気を増したいなら、インテリアを明るい色合いに替えます。ピンクやオレンジ、イエロー、クリーム色、淡いグリーン、水色などがおすすめです。タオルやカバー、マット、スリッパなどを取り替えると手軽に実現できます。

3 物は一か所にまとめて収納

狭いトイレをすっきり広く見せる工夫も、陰の気をおさえるのに役立ちます。収納棚をひとつ用意し、予備のトイレットペーパーやタオル類、掃除道具などを片付けて、目に触れないようにしておきましょう。収納棚に入りきらないものは、トイレの外に収納場所を確保します。

4 光を調節して明るい室内に

日当たりのいいトイレなら問題ありませんが、自然光が入りづらく暗いなら、照明を明るいものに変えたり、小さな間接照明を置いたりして明るく演出しましょう。

other

トイレが玄関の真正面にあったら

玄関の真正面にトイレがあると、せっかく玄関から入ってきたいい気が、不浄の場であるトイレによって悪い気に変えられてしまいます。そんな場合は、玄関とトイレの間をついたてやのれんなどで間仕切りし、いい気がトイレに向かわないようにします。そして、トイレのドアと便器のフタは必ず閉め、いい気がトイレの汚水に溶け込まないように気をつけましょう。

トイレのドアと部屋のドアが向き合っていたら

トイレのドアと玄関のドアが向き合っていると、住む人が病気にかかりやすくなります。また、トイレのドアと部屋のドア、とくに寝室のドアとが向き合っている場合は、「ののしり合う相」となり、家族にケンカが絶えません。部屋のドアを締め切るか、トイレとの間に間仕切りをしましょう。

トイレが凶方位にあるなら

風水では、家の中心点と、そこから東西南北に伸びる線上の清浄・清潔を重んじます。そこに不浄なスポットのトイレがあると、病気にかかりやすく好ましくありません。といっても、トイレを移動するのは簡単ではありません。そんな場合は、とにかく清潔に保つことが大切。何をおいてもまずトイレ掃除、というくらい熱心に掃除しましょう。

トイレ

生まれた季節別

あなたの開運アイテム

春

2/4 〜 4/17
生まれ

イエロー系でまとめて温かみを演出

マットや便座カバーなどのファブリック類は、温かみのあるイエロー系がおすすめ。おそろいのデザインで統一すると落ち着きが出ます。

オレンジ色のスリッパを室内のアクセントに。暗くなりがちなトイレに陽の気を与えてくれます。

イエロー系の可憐な花を、陶器の小瓶にさして飾りましょう。不安が取り除かれて、健康運がアップします。

夏

5/6 〜 7/20
生まれ

さりげなく女性らしさを取り入れて

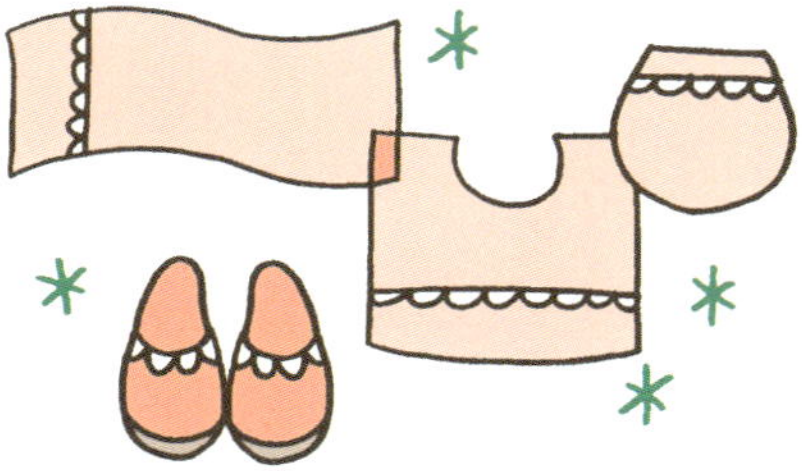

タオルやマット、カバー類に白いレースがあしらってあると、トイレがホッとくつろげる空間に。

月をモチーフにしたロマンチックなアートを飾りましょう。気持ちが清らかになって、トイレの陰の気を退治できます。

花を飾るなら、丸い小さな花瓶に。その下に円形のレースの敷物を敷いて、可憐な雰囲気に仕上げると吉。

冬

11/8 ～ 1/16
生まれ

太陽のぬくもりで
陽の気アップ

トイレのどこかに、太陽をモチーフにしたデザインを取り入れると吉。太陽の写真や絵を飾るのもおすすめです。

便器を掃除するブラシは、赤いプラスチック製を選びましょう。こまめにトイレを掃除するようになります。

収納棚には、プラスチックやアクリルなど人工的な素材を用いたものを。いい運気を呼び込めそうです。

秋

8/8 ～ 10/20
生まれ

植物のパワーで
トイレが癒しの空間に

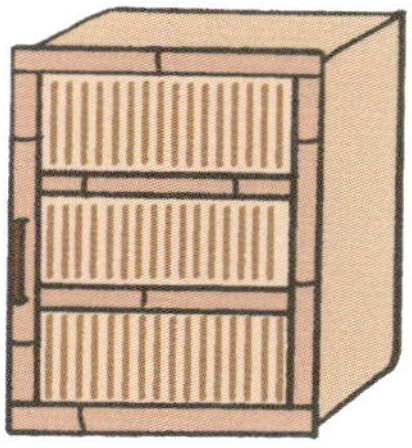

収納棚は、木や竹をあしらったアジアンスタイルがおすすめ。細長く小ぶりな棚を選んで目立たない場所に設置を。

マットや便座カバー、ペーパーホルダーは、花や葉模様をあしらったデザインが吉。

小さな観葉植物を置いておくと、陰の気を浄化してトイレを居心地よく保ってくれます。

土用

1/17～2/3、4/18～5/5、
7/21～8/7、10/21～11/7
生まれ

水を思わせるモチーフが
幸運につながる

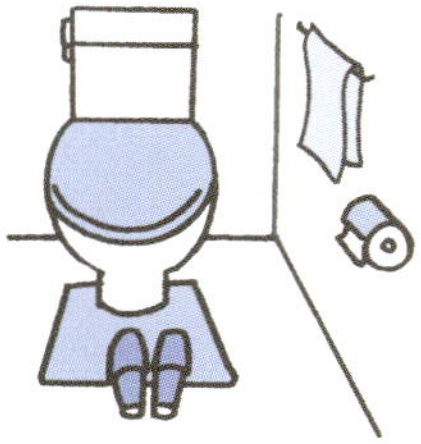

マットやカバー類を水色でそろえると、クールダウン効果が。気分がリセットされ、積極的に活動を再開できます。

タオルは波型の刺繍をあしらったものを選ぶと、開運効果が期待できます。

ガラスの小さなボウルにポプリを入れて飾りましょう。くつろいだ気分になれます。

部屋別アドバイス

バスルーム

恋愛運を左右する自分磨きの場
美しいバスルームこそ
美と恋を呼び込むカギ！

あなたはバスルームを、不意のお客様に見せられますか？　バスルームは、自分を美しく磨く場所。恋愛運やビューティー運、ダイエット運に直結しています。人に見せられないような汚れたバスルームは、陰の気をためるので、むくみ太りの原因に。美しさも男性も逃げていってしまいます。

そんな不幸に見舞われないよう、今すぐバスルームに風水術を。目標は、湿気やぬめり、カビのない乾燥して清潔な室内、不要なものは置かないすっきりとした空間です。自分ではどうしようもないほど汚れているなら、一度プロの手にまかせてもいいでしょう。

洗面所や脱衣所も、バスルーム同様に自分磨きの場。特に洗面台のシンクの汚れは、生活の乱れを表します。シンクや鏡、床を磨き、使わないものは収納棚に片付けて、すっきり清潔な空間をキープしましょう。

運気アップ！ 4つのオキテ

小物は一か所にまとめる

シャンプーの試供品や空のボトルなどは処分します。必要なものだけを一か所にまとめ、ラベルを前にして並べましょう。空間がすっきりすると、いい気をめぐらせることができます。

湿気を追い出す

湿気は風水でもっとも嫌うもののひとつ。湿気がこもっていると陰の気が増幅され、カビや悪臭の原因となり凶です。窓を開けるか換気扇を回し、十分に湿気を追い出しましょう。

洗面所もピカピカに

洗面所も美の象徴となる場所。洗面台のシンクや歯ブラシ立てなどはきれいに洗い、シャンプー類のストックなどは収納棚に片付けます。洗濯物も目につかないように専用ボックスへ。

排水口を清潔に

排水口の汚れは金運をダウンさせます。詰まってしまうと完全に金運から見放されるので、こまめに掃除するのが得策。排水口をきれいにすることでダイエット効果も期待できます。

理想のバスルームって？

換気扇はつねに回しておく。
洗濯物はフタ付きのランドリーボックスに入れて目につかないようにする。
ピカピカに磨かれた鏡。
洗面台は使うたびに水気を拭き取る。
シャンプー類は必要なものだけを一か所にまとめて並べる。
洗剤やシャンプー類のストック、予備のタオルなどは収納棚に収納しておく。
バスマットはこまめに洗濯して天日干しする。
椅子の下側や床、壁にぬめりやカビがなく乾いている。
髪の毛やぬめりのない、清潔な排水口。
残り湯は毎日抜いて、バスタブを軽く磨いておく。

壁や床が黒ずみ、ぬめぬめしている。
鏡がくもり、水滴の跡がついている。
洗面台にホコリや水垢がついている。
汚れが落ちなくなったタオルを使っている。
洗濯物がカゴからはみ出している。
不要なシャンプー類や洗剤があちこちに置いてある。
洗剤や化粧品類が床に置いてある。
排水口に髪の毛が詰まっている。
バスタブの内側に水垢のラインが染み付いている。

バスルーム

こんなバスルームは悪運を呼ぶ！

毎日の習慣と週一の掃除で恋愛運を強化する！

バスルームの湿気や汚れは邪気のもと。換気扇を回すなどして、しっかり湿気を追い出しましょう。バスタブのお湯は毎回必ず抜き、内側をさっと洗っておきます。壁や床に冷水シャワーを浴びせると、室温が下がりカビの発生を抑える効果が。週に一度は、壁や床も専用洗剤で念入りに磨きます。

また、排水口は人間の排泄機能に相当すると考えられています。排水口が詰まると排泄機能が低下して代謝が悪くなり、むくみ太りの原因に。排水口にたまったゴミはこまめに取り除き、月に一度は配水管も掃除しましょう。

洗面台のぬめり、ホコリなども見逃せません。小物はきちんと収納し、洗面台や床に物を置かないように。古びたタオルなどを使い続けると運気が下がるので、こまめに新しいものと取り替えましょう。

まずは掃除！
ポイントはここ

洗面台・鏡

洗面台も、ぬめりやカビが気になるところ。できれば使うたびに雑巾で乾拭きし、週に一度はていねいに掃除します。歯ブラシ立てやソープディッシュなども洗いましょう。鏡はいったんくもってしまうと落ちにくいので、汚れたように見えなくてもこまめに磨きます。

湿気対策

とにかく湿気対策が最重要課題。窓があれば使用後に開け放って風を入れ、なければ換気扇をひと晩中回しておきます。冷水シャワーをかけて室内の温度を下げたり、黒カビがこびりつきやすいゴムパッキングや目地の部分だけ乾いた雑巾でさっと拭いておくのも有効です。

Laundry

1回/月

雑貨類・洗濯物

予備の洗顔料やシャンプー、洗剤などを雑然と床に置いていませんか。使わないものは潔く処分し、整理棚を用意して収納します。必要以上のストックを抱え込まないという心がけが大切。洗う前の洗濯物は、フタ付きのランドリーボックスに入れ、見えないようにします。

バスタブ・排水口

お湯は毎日抜いて、バスタブの内側をスポンジやブラシで軽く拭き掃除しておきます。排水口も毎回髪の毛を取り除き、週に一度は古歯ブラシなどを利用して磨きます。さらに、月に一度は排水口専用の洗浄剤で奥のぬめりを落としましょう。

タオル・歯ブラシ・スポンジ類

汚れが染み付いて落ちなくなったタオル、毛が乱れた歯ブラシ、ちょっと破れたスポンジなど、古くなったものを使い続けていると運を落とします。傷んできたら掃除用に回すなどして、新しいものに買い替えましょう。

床・壁

棚や床のすみ、濡れたタオルがかかっている壁面、洗面器や椅子など、放っておくとぬめりや黒カビが発生しやすい場所です。週に一度、お風呂用洗剤を使ってブラシやスポンジで磨きましょう。黒カビを見つけたら、換気しながらカビ除去剤を吹き付けて落とします。

悪い気をいい気に変える
カンタン！
模様替えアイデア

バスルーム

運気倍増！のプチ改造術

ピンク色の小物とローズの香りが吉を呼ぶ！

ゆっくりとバスタイムを楽しむことが、幸運を呼び込む秘訣。居心地のいいバスルームを演出して恋も美も手に入れてしまう、とっておきの風水術を伝授しましょう。

まず、バスグッズはピンク色のフェミニンなデザインのものに。シャンプー類のボトルが無骨なデザインなら、やさしい雰囲気のボトルに詰め替えるだけで、幸運が舞い込んできます。

香りも大切です。いい香りの空間にはいい運気がめぐります。花やフルーツの香りのソープなどをバスルームや洗面所に取り入れましょう。特に恋愛運にはローズの香りが吉です。

また、石けんは、社会的な人望を集め交際運を高めるのに有効な小物。上質な素材でいい香りのものを選ぶと、上司や同僚の信頼も高まり、仕事でも成功するようになるでしょう。

部屋別

バスルーム

1 ボディシャンプーや入浴剤は ローズの香りを

花やフルーツなどの香りを取り入れれば、女性らしさに一層の磨きがかかります。特に、恋愛運にはローズの香りを。ローズのエッセンシャルオイルを配合したものなら、自然のパワーも加わって力強い味方になってくれます。

2 小物類は ピンク色でそろえる

椅子や洗面器、シャンプーラックなどの小物類を、ピンク色で統一しましょう。中国では恋愛のことを「桃花《とうか》」と呼び、桃の花のピンク色は恋の象徴。ピンク色に囲まれてバスタイムを過ごせば、ステキな恋の訪れが期待できます。

3 石けんは 上質な素材のものを

交際運を高めたいなら、ボディシャンプーではなく石けんを使うのがおすすめ。石けんには人望を集めるパワーがあり、上質な素材のものを選ぶと、高いレベルの交友関係が広がります。キャリアアップや転職にもつながるでしょう。

4 バスマットは 五行を取り入れた色に

自分の生まれ季節に合った五行《ごぎょう》の色をバスマットに取り入れると、幸運が訪れるでしょう（66〜67ページ参照）。ただし、色を決めただけで安心してはいけません。こまめに洗って天日干しし、清潔に保つことも大切です。

other

鏡をフェミニンに飾ると美容運がアップ

洗面台の鏡は、毎日自分の顔を映すもの。フェミニンなデザインのものを選んで美容運アップを。ビーズや小さなタイルなどを貼って飾ってもいいでしょう。

タオルに季節感を取り入れよう

季節感を取り入れた色やデザインのタオルを、シーズンごとに取り替えましょう。季節に敏感になると、ファッションやメイクのおしゃれ度もぐんとアップします。

雑貨類は明るく淡い色で統一

洗面台のコップや歯ブラシ立て、ソープディッシュなどに黒や濃い茶色はNG。女性に幸運をもたらすのは、淡く明るい色です。アイボリーやマーブル調がいいでしょう。

洗面台の整理棚は明るい色の木製が吉

黒や濃い色合いの整理棚は空間を狭く重苦しく見せ、陰の気を増してしまいます。木や籐などの天然素材で、白っぽく明るい色合いのものがベストです。

バスルーム

生まれた季節別 あなたの開運アイテム

春

2/4 ～ 4/17
生まれ

ホッとくつろげる バスルームが吉

バスマットは、ブラウン系やイエロー系のアースカラーがぴったり。チェック柄や四角形をモチーフにしたデザインを選んで。

気分がリラックスする香りの入浴剤を使うと、いいことがありそう。天然のエッセンシャルオイルを配合したものが吉。

シャンプー類を陶製の安定感のあるボトルに詰め替えると、いつも笑顔でいられてコミュニケーション運が開けます。

夏

5/6 ～ 7/20
生まれ

キラキラした輝きが 恋愛運を高めるカギ

バスマットは円形か、丸をモチーフにしたデザインが吉。真っ白の上質なものを選ぶと、もっと幸運がふくらみそう。

洗面器や椅子などのバスグッズには、シルバーやゴールドのラメ入りを。輝かしい未来が待っています。

鏡は夏生まれのラッキーアイテム。クラシックな金の縁取りの丸い鏡を洗面台に置いていつも磨いていると、恋愛運がぐんと高まります。

部屋別
バスルーム

冬
11/8 ～ 1/16
生まれ

赤をポイントにした活気あるバスルーム

バスマットは赤やパープル系の、ジグザグ模様や幾何学模様のデザインがおすすめ。

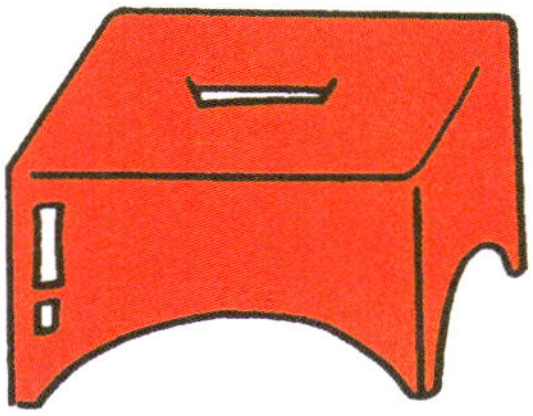

バスルームの椅子を赤にすると、明日へのやる気につながって幸運が舞い込んできそう。

ソープディッシュなどの小物類は、プラスチック製のビビッドな色合いのものが吉。

秋
8/8 ～ 10/20
生まれ

バスルームの観葉植物が幸せをもたらす

バスマットはグリーンやブルー系のストライプ模様を。いぐさなど天然素材を編みこんだタイプも吉。

バスルームや洗面台にミニ観葉植物を飾りましょう。元気に茂る葉を見ているだけで心が癒され、明日の活力に。

脱衣所には、籐や竹などを編んだ天然素材のカゴを置きましょう。棚は木製の細長いシルエットのものが吉。

土用
1/17～2/3、4/18～5/5、7/21～8/7、10/21～11/7
生まれ

透明感のある小物が幸運を呼ぶ！

バスマットは、ネイビーブルーやグレーなどの大人っぽいカラーリングが吉。波模様やドット柄にすれば、さらに幸せ度が増すでしょう。

洗面器やソープディッシュなどの雑貨類には、透明感のあるスケルトンカラーのものを選んで。

シャンプー類を波型で洗練されたデザインのボトルに詰め替えると、運気が上昇します。

部屋別アドバイス

ベッドルーム

運気を補給する重要エリア
居心地のいい空間にして
睡眠中にいい気をチャージ！

寝室は、玄関、トイレと並ぶ3大重要ポイントのひとつ。風水では、人間は寝ている間に気を吸収し、運をチャージすると考えます。睡眠の質が良好なほど、運気も好転しパワーアップできるというわけです。

まず取りかかりたいのが、寝室の掃除と片付けを徹底すること。こまめにホコリを掃除し、シーツ類の洗濯や寝具の天日干しも週に一度の習慣にします。また、気は頭から入ってくると考えられているので、ベッドの枕元は特に片付けておきましょう。ベッドの下も、何も置かずに空間を空けておくのが吉です。

室内は落ち着き感のあるシックな色合いで統一し、照明は温かみのあるほのかな明るさに調節しましょう。明るすぎや刺激的な色使いは避けます。さらに、ベッドを入口の対角にある「財気《ざいき》位《い》」に配置できれば、完璧です。

運気アップ！ 4つのオキテ

インテリアは落ち着いた雰囲気に

寝室にはビビッドな色合いは避け、部屋全体をシックで落ち着いた色合いで統一しましょう。照明もほのかで温かみのある明るさに。日当たりが強い場合は遮光カーテンを利用します。

清潔第一！

ベッドの下やチェストの上などは、こまめにホコリ対策を。週に一度はシーツ類を洗濯しましょう。寝具は太陽に当てると、太陽のエネルギーを補給できて運気上昇に有効です。

ベッドの位置に注意

部屋の気が集まる「財気位」（ドアの対角の位置）に、ヘッドボードを壁にぴったりつけて置くのが吉。足元がドアに向かっていたり、体の真上にペンダントライトがくる位置は凶です。

ベッド周りはすっきりと

ベッドの下や周囲には何も置かないのがベスト。照明を乗せたナイトテーブル程度にしましょう。また、足元や寝姿のうつる位置の鏡は凶。移動させるか、夜の間は布をかけておきます。

部屋別

ベッドルーム

理想のベッドルームって？
照明は白熱灯色で、温かみのあるほのかな明るさ。
ベッドのヘッドボードと壁の間にすき間がない。
清潔で汗染みのないシーツ。
ベッド周り、特に枕元がすっきり片付いている。
小型で木製の家具。
すみずみまでホコリのない清潔な空間。
ベッドが「財気位」に置いてある。
ベッドの下に何も置かれていない。

こんな位置に寝室があったら風水術を施して対策を

家の中のどこに寝室があるのかにも注意してください。もし寝室がトイレや浴室の隣にあるなら、陰の気を帯びた湿気が寝室に入り込んでしまい、健康に被害が出てよくありません。寝室を変えられないのなら、トイレや浴室の換気をしっかりし、ドアはつねに閉めておきましょう。

また、寝室が玄関の正面にある場合「淫欲におぼれる相」となり凶です。寝室を変えるか、玄関との間をのれんやパーテーションで間仕切りしてください。

ベッドルーム

こんなベッドルームは悪運を呼ぶ！

照明にホコリが積もっている。
ベッド周りに本や雑誌が山積み。
クローゼットの中がゴチャゴチャ。
枕元にぬいぐるみや置き物がたくさん並べてある。
寝具が乱れている。
シーツが黄ばんでいる。
ベッドの下が不要品の置き場所になっている。
ベッドに脱いだ服やパジャマがかけてある。

ホコリと湿気を追い出し 不要品を潔く処分しましょう

気の乱れた寝室では、熟睡できずに健康を害し、仕事運や交際運、恋愛運にも悪影響が。運気がダウンしないうちに、寝室に風水術を施しましょう。

まずは、いらないものを整理してすっきり広々した空間に。ベッドの下に不要品が置かれているなら、すぐに撤去しましょう。造り付けの引き出しがある場合は、清潔で乾燥した衣類をきちんと整理して収納します。枕元には物をゴチャゴチャと置かず、心が癒されるようなもの1～2点に絞ります。

寝室は布団を扱うので、ホコリがたちやすい場所です。また、ひと晩でコップ1杯分の汗をかくので、寝具の湿気はかなりのもの。湿気は陰の気を発生させ、運気を下げる原因です。寝具は毎朝きちんと整え、週に一度は洗濯を。こまめに掃除をし、布団は天日干しか乾燥機で乾燥させましょう。

まずは掃除！ポイントはここ

ホコリ

チェストや飾り物の上、スタンドやペンダントライトのシェード、ベッドの下や壁とのすき間など、ホコリがたまりやすい場所は要注意。また、カーテンもホコリがつきやすいところ。半年に一度は洗濯してさっぱりさせましょう。

ベッドメイキング

朝起きたままの乱れたベッドを１日放置するのは、寝室に悪い気を充満させてしまうので凶です。たとえ忙しくても、寝具をきちんと整えることを毎朝の習慣に。床に直接布団を敷いている場合は、押入れなどに収納しましょう。

クローゼット

扉を閉めれば目につかないからと油断してはいけません。ハンガーにかけているものは、長さや種類ごとにまとめます。たたむ衣類も種類や用途別に、チェストや収納ケースに整理しましょう。また、３年以上着ていない衣類などを潔く処分する勇気も大切。健康運アップにつながります。

ベッドの枕元

枕元は何も置かないのが吉。どうしても飾りたいなら、気持ちが癒されるようなもの１～２点に絞って。キラキラするガラス製品や派手な色合いのものをたくさん置くのは精神状態に悪影響を及ぼすので避けましょう。

寝具

枕カバーやシーツ、布団カバーなどは週に一度洗濯し、汗染みなどの汚れが落ちなくなったら、新しいものと取り替えましょう。布団は乾燥機でも大丈夫ですが、可能なら天日干しを。太陽エネルギーを吸収して運気がアップします。

ベッドの下

ベッドの下に廃品やホコリがたまっていると、悪い気の上で眠ることになってしまいます。ベッドの下には何も置かず、空けておくのが吉。ただし、ベッド下に引き出しがついている場合で、清潔なものをきちんと整理して収納するなら大丈夫です。

悪い気をいい気に変える
カンタン！模様替えアイデア

ベッドルーム

運気倍増！のプチ改造術

ベッドの配置とムードづくりで全体運がぐんぐんアップ！

ベッド（寝具）は入口の対角にある「財気位《ざいきい》」に置くのが吉です。ちょっとベッドの位置をずらすだけで、運気がぐんぐん好転してバラ色の未来が開けるかもしれません。ぜひ、ベッドの配置を見直してみてください。

寝室はくつろぎのスペースなので、癒し、温かみ、落ち着きがキーワード。寝具やカーテンなど広く場所を占めるものは、シックな色合いのものを選びましょう。家具類や小物は、天然素材のものがおすすめです。ただし、背の高い大型家具や書棚は、圧迫感を与えるのでNG。造り付けのクローゼットは大丈夫です。

北側に窓があると、風邪などの呼吸器系疾患や、生理不順といった婦人科系疾患にかかりやすい可能性が。それらで悩んでいるのなら、寝室を変えるか北側の窓をふさぎましょう。

1 鏡は寝姿がうつらない位置に

寝姿がうつってしまう位置に姿見を置くのは、「鏡光殺《きょうこうさつ》」といって凶。悪夢にうなされて安眠できず、健康面ダウンの原因に。霊の出入り口とも言われる鏡は、クローゼットの中などにしまっておくのがベスト。移動できないのであれば、睡眠中は布をかけておきましょう。

2 心が癒され落ち着くムードに

インテリアはベージュやブラウン、くすんだグリーンなどのシックな色合いに統一しましょう。黒白モノトーンの無機質な雰囲気や、刺激的な色合いの派手なカラーリングは適しません。また、照明は蛍光灯色ではなく白熱灯色にし、暖色系の淡い光を取り入れて。

3 観葉植物は1〜2点がベスト

癒しの空間だからといって、大きな観葉植物をたくさん置くのはいけません。植物も夜は二酸化炭素を発生して、それが室内の気を悪くするからです。置くのなら小さなもの1〜2点に絞りましょう。

4 家具は小型で木製の新品を

家具は、チェストのように小型のもので、新品の木製品がおすすめです。背の高い大型の家具を枕元に置いてはいけません。また、来歴の分からないアンティーク家具は、よくない気が入っている可能性があるので避けましょう。

5 ベッドの位置は「財気位」に

ベッド(寝具)は、部屋の気が集まる「財気位」(ドアの対角の位置)に置くのがベスト。ヘッドボードを壁にぴったりくっつけて置くのがポイントです。そのほかにも、以下の3点に気をつけてベッドの配置を決めましょう。

◎梁の下
天井の梁の下にベッドがあるのは、「懸針殺《けんしんさつ》」といって、心身に圧迫感を与え、運気を阻害してしまいます。もしベッドを移動できないなら、梁を布で覆って隠してください。

◎ペンダントライトの下
寝ている人の上にペンダントライトがぶら下がるような配置はいけません。その部分の臓器に悪影響が出ます。ペンダントライトかベッドの位置をずらしましょう。

◎ドアの向かい側
ベッドの足元が、ドアと向き合っている位置は避けてください。悪夢にうなされて熟睡できず、健康運がダウンします。ベッドが、ドアに対して横向きの配置なら大丈夫です。

生まれた季節別 あなたの開運アイテム

春

2/4 ～ 4/17
生まれ

寝ている間に大地の気をチャージ！

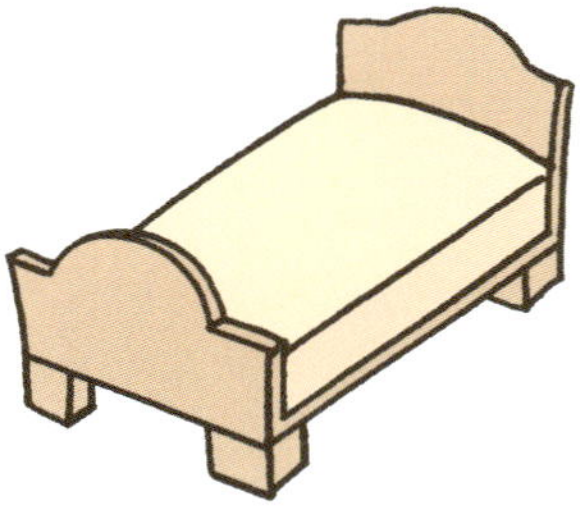

背が低くどっしりとして安定感のあるベッドに、アースカラーのファブリックを。大らかな大地の気が得られて、安眠間違いなしです。

スタンドの明かりは、太陽や稲穂の黄金色を思わせるようなイエローの光が吉です。陶器か磁器を選びましょう。

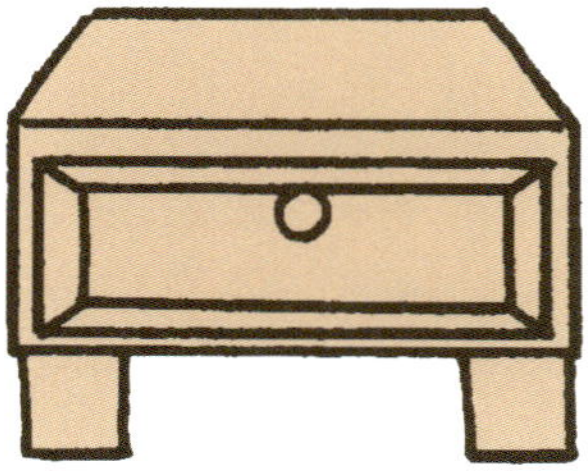

ベッドの横にナイトテーブルを置くなら、四角形で、シックなデザインのものを選びましょう。

夏

5/6 ～ 7/20
生まれ

お姫様気分で眠れば明日も快調！

白い洋風ベッドがおすすめです。お姫様になったような高貴な気持ちが、開運につながるでしょう。

カーテンやベッドカバーは、ドレープをあしらったデザインを取り入れて高貴なイメージに。

洋風のチェストに、大切な宝石やアクセサリーをしまっておきます。日の当たらない場所に置くのがポイント。

冬

11/8 ～ 1/16
生まれ

温かみのある暖色系インテリアに

ベッドカバーはエンジ色やくすんだオレンジ色などの暖色系を。ビロードなど厚手の生地で、幾何学模様をあしらったデザインが吉。

スタンドは燭台を模したデザインのものを。明日を積極的に生きられるでしょう。

ガーベラやチューリップなどの赤い花を一輪飾りましょう。幸運のエネルギーがもたらされます。

秋

8/8 ～ 10/20
生まれ

自然に包まれて安らぐ寝室

ヘッドボードに柵のようなデザインを取り入れた木製ベッドや、縦ラインが強調された籐製のベッドがおすすめ。

カーテンやベッドカバーなどは、薄いグリーンやイエローグリーンの、草や花の模様をあしらったデザインに。

細長い間接照明を置いてみて。柄が木製でシェードが布製ならベスト。慈しみの心が高まり、交際運がアップ。

土用

1/17～2/3、4/18～5/5、7/21～8/7、10/21～11/7
生まれ

曲線を取り入れたインテリアが吉

レースをあしらった枕カバーや、ドレープのついたベッドカバーを選ぶと、安眠してステキな夢がみられそう。

ベッドは曲線を取り入れたデザインのものを。ハート型の小さなクッションを置いてもいいでしょう。

ブルーのカーテンが、興奮を鎮めて安眠を誘います。女性らしいロマンチックなデザインのものを選びましょう。

部屋別アドバイス

仕事部屋

仕事運・学習運が決まる
デスクの環境を整えれば
業績アップ間違いなし！

業績や成績を上げるためには、仕事や学習に集中できる環境が必要です。もっとも重要なのが、デスク周りの環境。まず、デスクは壁に向かってすわる位置に置きましょう。また、デスク周りを散らかしているのは、自分で仕事運・学習運を逃がしているようなもの。一度、丸1日かけてデスク周辺の片付けを徹底してください。こまめに体と頭を動かして整理整頓やファイリングをすることは、仕事の能率を高める訓練にもなります。

さらに、金属製品を多用すると磁場が乱れ、判断を誤ったり財産を失ったりする可能性があります。整理棚、書棚などは木製を選ぶといいでしょう。ただ、ほかの部屋のように背の高さを気にする必要はありません。背の低い棚ばかりで目線が下を向くより、むしろ重要な書類などは目線より上に置くほうが出世につながります。

運気アップ！ 4つのオキテ

処分とファイリングを習慣に

終わった仕事の書類や資料は、さっさと処分します。必要なものだけ残してファイリングし、棚に収納。雑誌や新聞も、必要な部分だけ切り抜いてファイリングしたら、すぐに処分します。

デスクは壁、入り口に向けて

窓のそばにデスクがあると、仕事や学習に集中できなくなるので凶。デスクは壁に向かって置きます。また、入り口(入ってくる人)が見えるように置いても、安心して集中できます。

引き出しの中を整理整頓

不要な文房具などは、悪い気を発生させるので潔く処分。空いたスペースに、机上に出しっぱなしだったものを収納すれば一石二鳥です。引き出しの中もつねに整理整頓を心がけましょう。

デスクの上はすっきりと

デスクの上に出ているものは、パソコンのモニターとペン立て程度にして、つねにすっきり片付けておきます。デスクの上が散らかっていると仕事上の信用を失うので注意しましょう。

部屋別

仕事部屋

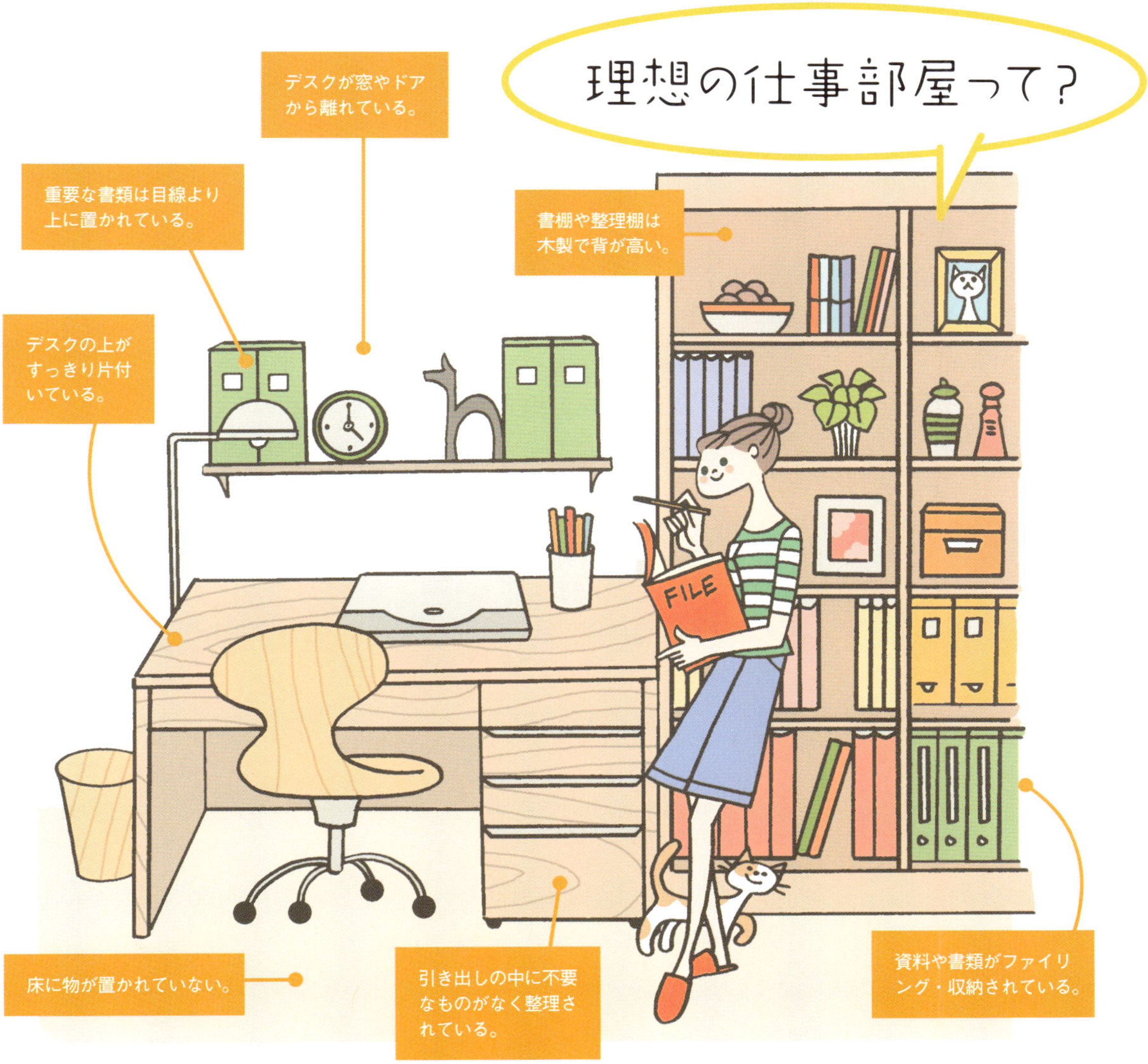

理想の仕事部屋って？
デスクが窓やドアから離れている。
重要な書類は目線より上に置かれている。
書棚や整理棚は木製で背が高い。
デスクの上がすっきり片付いている。
FILE
床に物が置かれていない。
引き出しの中に不要なものがなく整理されている。
資料や書類がファイリング・収納されている。

お金や通帳は仕事部屋に置くと金運アップ！

お金は陽の気が強いところに置くと、回転がよくなりどんどん出ていってしまいます。反対に陰の気が強ければ、あまり使われず自然に貯まっていきます。つまり、お金を貯めたいなら、涼しく静かな場所にしまっておくのがいいわけです。

仕事や学習に使う部屋は、まさにその条件にぴったり。仕事部屋の目立たない場所を、貯蓄用のお金や通帳、銀行印の定位置にしてはどうでしょう。生活費が足りないからちょっと流用、なんてことが減るかもしれませんよ。

仕事部屋✕

こんな仕事部屋は悪運を呼ぶ！

パソコンの電源が入れっぱなし。
窓際にデスクがある。
書棚の本が乱雑。
デスクの上が本や書類、文房具類であふれている。
１年以上開けていない箱。
BOOK
ゴミがあふれている。
失敗した仕事の書類が残っている。
古雑誌や古新聞が床に積んである。
引き出しの中がゴチャゴチャ。

思い切って処分・整理して、「使ったら元に戻す」を実践！

仕事が山積みで片付けるヒマなんてない。そう思っているうちは、仕事での成功は望めません。まずは不要なものを処分しましょう。使わない資料や文房具などはすべて破棄。特にうまくいかなかった仕事の書類は悪い気を持っているのですぐに処分を。古い名刺は未来への運気を下げるので、一度会っただけの人の名刺は処分しましょう。古新聞・雑誌は、必要な部分だけを切り抜きます。

次は整理整頓。捨てずに残ったものを分類、ファイリングします。ファイルはラベルを貼り、整理棚の定位置へ。本は出しっぱなしだと社会性のない人間と見られるので、書棚に戻します。

デスクの上がペン立てとパソコンだけになったら完璧です。乱雑なデスクは信用を失う運気を発するので、「使ったら元に戻す」を習慣にしましょう。

まずは掃除！ポイントはここ

書棚

本は必ず書棚に戻します。デスクの上や床に積んだままだと、社会性が低下してしまうかも。書棚の上段には小さく軽い本、中段はよく見る本、下段には大きく重い本を。ホコリが積もりやすい場所なので、定期的な掃除も大切。

床

床に物を置く習慣があったら、すぐにあらためて。目線が下に向き、目先のことや、過去にとらわれてしまいます。それに、床がすっきり広々していると、いい運気が部屋の中を十分にめぐって、仕事運や学習運が高まります。ゴミ箱のゴミをこまめに捨てることも大切です。

電化製品

パソコンやプリンターなど、仕事部屋には電化製品があふれています。それらは磁場を発生させて判断力をくるわせるので、使っていないときは電源を切るか、布をかけます。静電気によってホコリがつきやすいので、こまめな掃除も欠かせません。

デスクの上

目標は、ペン立てとパソコン以外は何もない状態。終わった仕事の資料、古雑誌、使っていない文房具、ダイレクトメールなど、不要なものはすべて破棄。必要なものは、ファイリングして引き出しや整理棚の定位置に収納します。

引き出しの中

デスクの一番上の浅い引き出しには、日常的に使っている文房具類や自分の名刺だけを収納します。また、消しゴムのカスなどで意外と汚れやすい場所なので、月に一度、中身を出して掃除するといいでしょう。そのほかの引き出しは、よく使う書類や資料などを収納しておきます。

整理棚

進行中の仕事、一段落した仕事、資料、領収書、新聞や雑誌の切り抜き、名刺などをそれぞれ内容ごとに分類してファイルし、定位置を決めて収納します。進行中の仕事や大切な人の名刺などは、目線より上に置いておくと未来志向になり、将来仕事で成功する運が開けます。

仕事部屋

運気倍増！のプチ改造術

悪い気をいい気に変える

カンタン！模様替えアイデア

デスクの位置や向きが出世と成功のカギ！

キャリアアップを目指すなら、要であるデスクに風水術を施しましょう。仕事や学習により集中でき、うれしい結果が望めます。

デスクは窓際を避けて、壁に向かってすわる位置に置くのが基本です。確実に仕事運・学習運を上げたいのなら、「文昌位《もんしょうい》」（106ページ参照）に置くのが理想的。斬新な企画やアイデアを生み出し、学習能力が上がる方位です。部屋の気が集まる「財気位《ざいきい》」（ドアの対角）にデスクを置くのも有効です。

もし仕事部屋とトイレが向かい合っている、またはすぐ近くにトイレがある場合、トイレから汚れた気が侵入してきて、デスクにじっとすわっているのが嫌になります。仕事部屋を移すか、トイレ掃除を徹底してつねに清浄に保ち、仕事部屋のドアに長いのれんなどをかけて間仕切りするといいでしょう。

1 デスクの位置に注意！

デスクの位置や向きは、集中力に結びつく大切な要素です。窓に向かって置きたくなりますが、これはご法度。壁に向かって置くのが基本です。以下に示した位置に注意してデスクを移動させましょう。

●窓のそば、窓に向かう位置

窓際にデスクがある場合、恋愛やほかのことに目が向いて仕事や学習がおろそかになってしまう可能性が。ブラインドをおろして、窓の外が見えないようにします。

●窓を背にする位置

背後に窓がある位置も好ましくありません。レースのカーテンを閉め切って、外界の気配を遮断しましょう。

●梁の下

「懸針殺《けんしんさつ》」といって、仕事や学習の能率が落ちてしまいます。デスクを移動できないなら、梁に布か紙を貼って目隠しします。

●ドアを背にする位置

ドアを背にしてすわると入り口から入ってきた気が直接あたり、見えない圧迫を受けて集中力が低下します。デスクを移動させるか入り口に向けましょう。動かせない場合は、ドアとの間をパーテーションやのれんで間仕切りします。

2 金・銀のものをデスクに

過剰な電化製品はNGですが、「金気」を持つアイテムには、集中力をアップする働きもあります。毎日使う小物に金や銀製品、メタリックなデザインのものを取り入れるなら吉。また、白色の雑貨も、集中力を高める効果があります。

3 オフィス家具は木製がおすすめ

パソコンなどの電化製品が多い仕事部屋は、どうしても金属が多くなりがち。金属製品が過剰だと、磁場が乱されて判断力が衰えたり財産を失ったりします。書棚やデスクなどのオフィス家具は、スチール製ではなく木製のものを。

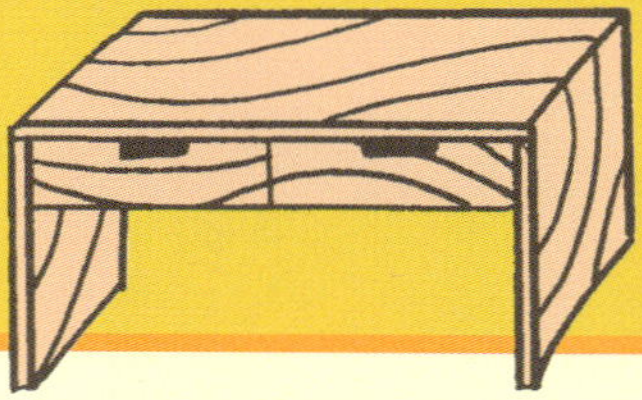

other

「白虎位」にエアコンがあるなら

「白虎位《びゃっこい》」は、玄関または部屋の内側からドアに向かって右側の位置。ここにエアコンや鏡があると、「白虎殺」といって凶。エアコンの下に大型の書棚や整理棚を置いて、殺気を制しましょう。鏡は移動させるか、布でカバーして。

「青龍位」に大型家具があるなら

「青龍位《せいりゅうい》」は、玄関または部屋の内側からドアに向かって左側の位置にあたります。ここを書棚などの大型家具でふさいでしまうと、病気にかかりやすくなるなどのトラブルが。「青龍位」はあけておくか、鏡やエアコンを設置します。

仕事部屋

生まれた季節別 あなたの開運アイテム

春

2/4 ～ 4/17
生まれ

安定感のある家具で落ち着いた部屋に

書棚やデスクなどの大きな家具は、重厚で安定感のあるベーシックなもので統一。部屋に落ち着きが生まれ、集中力が高まります。

デスクの椅子は、ブラウン系のものがおすすめ。足の裏がしっかりと床につく高さに調節すれば、冷静な判断力が得られます。

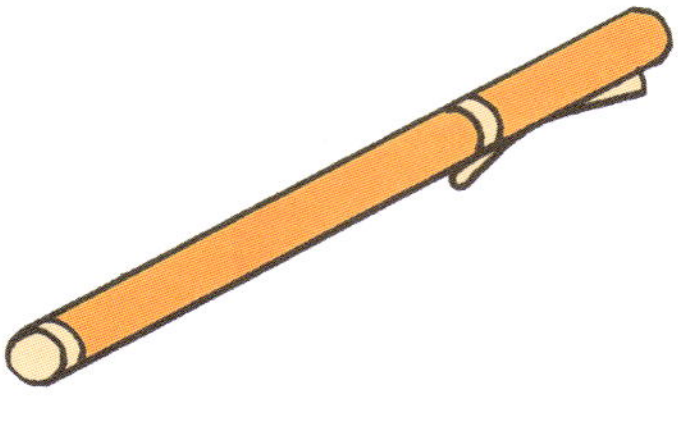

毎日使うペンはイエロー系のものに。人からの信用を得て、仕事がスムーズに進んだり出世したりするでしょう。

夏

5/6 ～ 7/20
生まれ

白・金・銀をポイントに

洋風のデスクが吉です。特に、クラシックなデザインの白いデスクなら、社会運が高まって人脈が広がるでしょう。

デスクの椅子は、丸みを帯びた白い椅子を選びましょう。集中して長くすわっていられます。

ひんぱんに使うものは、シルバーなどメタリックな色のものがおすすめです。心が落ち着いて決断力がアップ。

冬

11/8 〜 1/16
生まれ

三角形グッズが奇抜なアイデアを生む！

ピラミッド型のペン立てや文鎮といった小物をデスクに置いておくと、運気が上昇します。

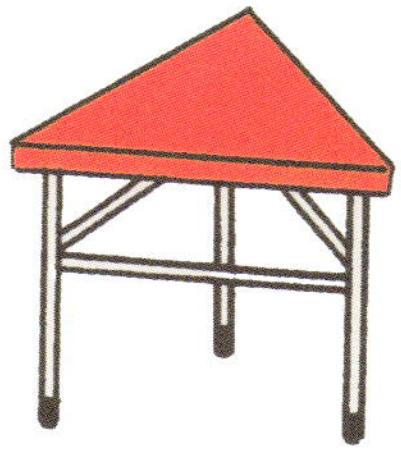

仕事部屋にひとつ、赤いプラスチックの三角チェアを置きましょう。斬新なアイデアや企画を考えたいときにすわると効果があります。

デスクに置く照明は、三角形のものを。三角形の持つパワーを浴びることができて、発想が豊かになるでしょう。

秋

8/8 〜 10/20
生まれ

自然界のパワーに囲まれて集中力アップ！

木製の細く背の高い整理棚をひとつ置きましょう。仕事や学習の効率がよくなります。

電化製品のそばに、小さな観葉植物を飾ってください。読書量が増えて仕事や学習にプラスの運気が。

窓に木製のブラインドをつけ、仕事や学習中はおろします。向学心が高まり資格試験などの学習がはかどります。

土用

1/17〜2/3、4/18〜5/5、7/21〜8/7、10/21〜11/7
生まれ

ガラス素材をアクセントにすると吉

書棚はガラス扉がついたものを。本を整然と美しく並べていると、仕事運や学習運が開けてランクアップします。

クリスタルの置き物や文鎮をデスクに置いて、いつも目にとまるようにしましょう。自然に幸運が舞い込みます。

デスクの椅子は青がおすすめ。頭がクールダウンして、考えが深まります。

コーナー別アドバイス

クローゼット

運気をリセットするチャンス！不要品を処分して心機一転、新しい自分に！

洋服、アクセサリー、バッグ…あふれるほどの物を詰め込んだクローゼットは気の流れが悪く、運気を落とす元凶。どんなに高価なものでも、使わないのなら悪運の元です。もったいないと思っても、潔く処分を。ネットオークションやリサイクルショップに持ち込んでもいいでしょう。ただし、過去の恋人や嫌いな人、運の悪い人からの贈り物は、その人の念がついて回るので、ほかの人に譲るのは控えてください。

　不要な物を捨てることは、今ある凶を捨て去って新たに運気をリセットすること。人間関係のしがらみを一掃して、ストレスから解放されることでもあります。すっかり整理して、いい気がスムーズにめぐる空間になるところには、古いものとサヨナラする決断力、必要なものを見分ける判断力も養われていますよ。

運気アップ！３つのポイント

潔く捨てる！

目標は、収納スペースの８割程度。３年以上着ていない洋服、バッグやアクセサリーなどの小物、流行遅れのデザインのもの、色あせや傷みのあるものなどをいつまでも抱えていると、いい運気を呼び込めません。思い切って処分し、すっきり風通しのいい空間にしましょう。

季節ごとに大掃除を

季節が変わるごとにクローゼットや収納ケースの中身をすべて出し、中のホコリを取り除いて水拭きしましょう。その際、不要に感じたものを処分していけば、８割の収納量が無理なく保てます。また、ときどき扉を開けて、淀んだ気を追い出し新鮮な気をめぐらせましょう。

見やすく取り出しやすい収納法

きちんと整理されたクローゼットは、いい気がすみずみまでめぐるだけでなく、出し入れするときのストレスがなく、見た目にもきれいなので吉。ハンガーにかけた衣類は分類して同じ向きにそろえる、Ｔシャツは丸めて引き出しに並べるといった工夫をしましょう。

よくないクローゼットって？

上の棚が、アルバムや靴の箱、ぬいぐるみなど不要品の置き場所になっている。
クローゼットの中に整理タンスを入れている。
かけてある衣類の順番がバラバラ。
クリーニングのビニール袋がかけられたまま。
引き出しの中がぎゅうぎゅう詰めで開け閉めしにくい。
すみやレールにホコリがたまっている。
3年以上着ていない洋服がたくさんある。
小物類が大きなカゴに放り込んである。

下着の管理は交際運や恋愛運に通じます

下着は毎日身につけるものでありながら、あまりじっくり観察することがないため、多少傷んでいても無頓着になりがち。ブラジャーのカップが型崩れしていたり、ストレッチが弱くなっていませんか。ショーツのレースに穴が開いていたり、クロッチ部分が黄ばんでいませんか。直せるものは直し、できなければ処分しましょう。下着のように目に見えない部分に心配りができると、質のいい出会いを呼ぶ運気がぐっと高まります。ぜひ新しい下着を身につけて、幸運を手に入れましょう！

悪い気をいい気に変える

カンタン！収納アイデア

クローゼット

運気倍増！のプチ改造術

整然と並んだ新しい衣類が新たな出会いと幸運を呼ぶ！

Before

After

古いものを捨て、新しい運気を受け入れる準備は整いましたか？　あとは、必要なもの、新しいものをどう収納するかで、全体運が決まります。

収納方法のポイントは、見やすく、出し入れしやすいこと。衣類は季節ごとに大きく分けてからアイテムごとに分類し、さらに色分けして収納します。ハンガーをすべて同じ向きにかけると、整然とした美しいクローゼットになります。下着類やハンカチなどは底の浅い引き出しに、かさばるジーンズやニット類は底の深い引き出しに収納します。しわになりにくいものはロール状に巻いて横に並べるといいでしょう。

また、アクセサリーや貴重品は、玄関や日当たりのいい場所に置くと手元を離れやすいので、専用のボックスにしまい、クローゼットの奥や、寝室など静かな場所に置きましょう。

1 上の棚には帽子やバッグを並べる

帽子は専用の箱にひとつずつ収納し、ホコリや型崩れを防ぎます。バッグは立てて並べましょう。パーティー用など使用頻度の低いものは、箱や布袋に入れ、中身がひと目で分かるように、色や用途などを書いたラベルを貼っておきます。

2 上着やスカートなどはハンガーにかける

コート、ジャケット、スーツなどは型崩れしないよう幅広のハンガーに、スカートやパンツ、スカーフやベルトは専用ハンガーにかけ、同じ向きにそろえて収納します。季節ごと、アイテムごと、色別に分けて並べると、見た目にも美しくて吉。

3 アクセサリーは専用ボックスに

アクセサリーを小引き出しなどにゴチャッと入れてはいけません。専用ボックスを用意し、ひとつひとつ離して収納します。貴重品を陽の気が強い場所に置くと、手元を離れていってしまう可能性大なので、クローゼットの奥のような、暗く静かな場所に置きましょう。

4 しわになりにくい衣類は丸めて並べる

ショーツや肌着、ソックス、ストッキング、ニット、カットソー、ジーンズといった衣類は、長方形にたたんでからロール状に巻き、横に並べて収納します。平らにたたんで重ねるよりも、見やすく出し入れしやすいので、気の流れがよりスムーズになります。

5 下の空きスペースには収納ケースを置く

透明なケースだと、中が見えて便利。底の浅いケースに下着やソックス、ハンカチなどの小物類を、底の深いケースにニットやジーンズ、カットソーなどを収納します。小物類のケースが大きいなら、間仕切りなどの工夫を。重ねるなら上段が小物類、下段がかさばるもののケースにします。

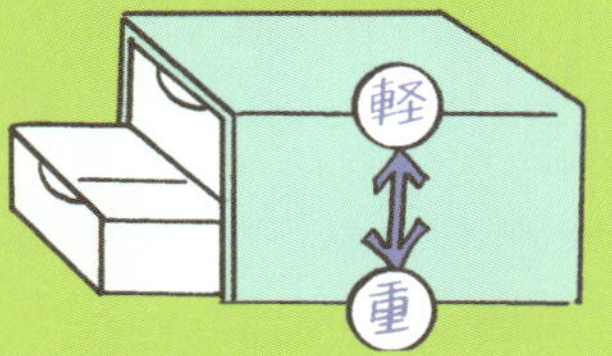

other ぬいぐるみはお気に入りのものだけを

古い人形やぬいぐるみをクローゼットなどに押し込んでおくと、運気が下がってしまいます。お気に入りのものは洗濯して天日で干し、残りは処分を。ゴミとして捨てにくいなら、寺社に持っていき、お焚きあげをしてもらいましょう。

コーナー別アドバイス

押入れ

思い切って捨てると開運！開かずの間と化している押入れは悪運のたまり場

片付けをするときに、「いつか使うかも」は禁句です。その優柔不断な考えが悪運をもたらすと自覚してください。

きれいな空き箱や包装紙を大量にため込んでも、結局は使い切れません。大きさの違うものを少しだけ残して捨てましょう。扇風機やホットカーペットなどの季節ものの電気製品も、2年以上使っていないなら粗大ごみに。子どもの頃のスポーツ用品やぬいぐるみ、絵や工作なども、いい思い出となるもの2～3個に絞って、あとは処分します。古雑誌や2年以上前の年賀状なども処分の対象です。

風水では、不要品をため込んだ場所には悪い気が集まり、凶を呼ぶと考えます。押入れは不要品置き場にせず、きちんと整理を。古いもの、使わないものは処分して中身を8割まで減らし、ため込んだ悪運を解き放ちましょう！

運気アップ！ 3つのポイント

捨てる基準を作る

捨てるべきか迷ったとき、「要・不要」以外に基準があると作業がはかどります。たとえば、「3年以上使っていないもの」「存在自体を忘れていたもの」「日記やアルバム以外の思い出の品」は捨てる、といった具合に独自の基準を作りましょう。

2割のゆとりが目標

押入れの中に収納する物の量は、スペースの8割程度に抑えます。出し入れしやすい収納が可能になるし、通気も確保されるからです。ひと目で何がどこにしまってあるのかが分かり、取り出しやすく片付けやすい押入れが理想的です。

湿気対策

押入れは湿気がこもりやすい場所。湿気は陰の気をもたらす元凶であるばかりか、カビが発生して健康にも悪影響が。ひんぱんに空気を入れ替えたり、除湿剤などを利用したりして、湿気対策に努めましょう。

よくない押入れって？
今は使っていないビデオデッキなどのAV機器。
お中元などの贈答品。
紙袋や空き箱、包装紙など。
子どもの頃のスポーツ用品やぬいぐるみ。
奥のものが見えない・取り出せない。
2年間使わなかった季節ものの電気製品。
中身を忘れてしまった箱。
寝具が直置きしてある。
glass
VIDEO
お中元
みかん
ホットカーペット

古いお札や故人の持ち物をしまい込まないで！

お札やお守りは、1年たったら神社やお寺に返すのが慣わしです。遠方の寺社などで返しにくい場合は、近所の神社やお寺にお願いして、お祓いをしてもらいましょう。古い人形やぬいぐるみなどの処分に困ったときも、お寺や神社に持っていくとていねいに処分してもらえます。

また、故人の持ち物は、形見の品だけを大切に手元に置いて、日常生活の品々は思い切って処分したほうがいいでしょう。いい思い出を心の支えにして、新しい運気を呼び込むことができます。

悪い気をいい気に変える

カンタン！収納アイデア

押入れ

運気倍増！のプチ改造術

8割収納と湿気対策で全体運がアップ！

機能的に活用でき、開運効果の高い押入れにするには、2割程度のゆとりが必要です。スペースに対して8割くらいの収納量になるまで物を減らし、ひと目で何がどこにあるのか分かる整理術を実践しましょう。

押入れでやっかいなのは、深い奥行き。手前と奥に別々の物を収納すると奥のものが見えず、何を収納したか忘れて不要品と化してしまいます。奥行きと同じ深さのある、押入れ用の収納ケースを利用し、収納したものを書いたラベルを貼っておけば完璧です。また、客用や季節ものの布団は、ひんぱんに使わないわりに場所をとるので、布団圧縮袋を活用しましょう。

寝具の下に、すのこや除湿シートを置くといった湿気対策も大切。週に1回は戸を開けて換気し、梅雨時は戸を開けてエアコンで除湿しましょう。

1 かさばる布団は圧縮袋に入れる

客用の布団や座布団、来シーズンまで使わない季節ものの布団などは、市販の布団圧縮袋に入れて収納しましょう。かさが半分ほどに減り、押入れの空間にゆとりができます。

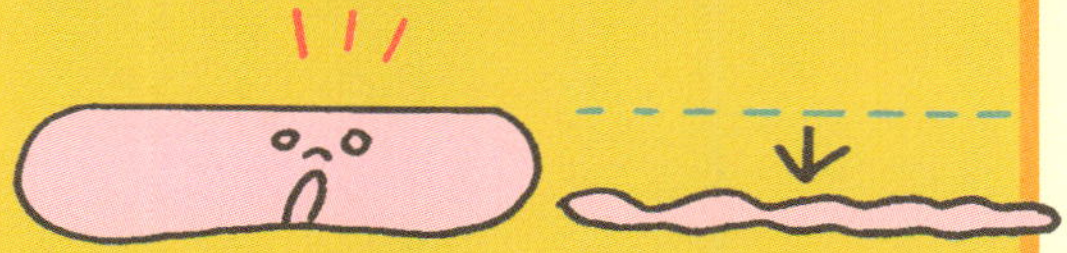

2 トロフィーは部屋に飾る

トロフィーや賞状などは、押入れにしまい込むより、目につくところに飾るほうが吉。自信をなくしたとき、それを見ることで元気が出て、いい運気につながるからです。多ければ1～2点だけ飾り、あとは大切にしまっておきます。

3 DIY用品は一か所にまとめて

荷造りひもやガムテープ、ドライバー、金づち、巻尺などのDIY用品は、使いたいときにすぐ取り出せることが大切です。ひとつの箱にまとめ、その箱ごと大きな収納ケースなどに入れておくといいでしょう。

4 奥行きを活かせる収納ケースを活用する

細々としたものは、押入れの奥行きに合った収納ケースや整理棚を利用すると、無駄なくすっきり整理できます。引き出し式かワゴン式で、押入れの外に簡単に引き出せるものがおすすめ。中身が分かるよう、透明タイプにするか、表にラベルを貼って使いましょう。

other

思い出の品は大切なものだけに絞る

本当に大切なもの、いい思い出のあるものだけに絞って、あとは思い切って処分しましょう。

◎子どもの頃の写真・ビデオ
アルバムに貼ったりCD-Rに取り込んだりして整理します。

◎子どもの頃の絵や工作、ぬいぐるみ
写真に撮って保存しておくと、少ないスペースで長く保管できます。特に古いぬいぐるみはダニの温床になりがちなので処分しましょう。

◎旅先のみやげ物
いい思い出の残っているみやげ物は、しまい込まずに部屋に飾りましょう。

コーナー別アドバイス

ベランダ・出窓

運気を交換する第二の玄関
すっきり広々、清潔に保つと
幸運がやってくる！

ベランダは、家の中をめぐってい
た気を排出し、フレッシュな気
を招き入れる大切な場所。玄関と同じ
ように、すっきり広々として、ホコリ
のない清浄な空間を目指しましょう。
また、リビングの延長としてとらえ、い
つ見ても美しく気持ちのいい空間に保
つことが開運につながります。

ベランダに大型の物置があり、洗濯
グッズが出しっぱなし、排水口が砂や
枯れ葉で詰まっているという状態は凶
を呼びます。もしベランダを物置き場、
洗濯物を干す場としてしか扱っていな
いのなら、すぐに改めましょう。

同様に、出窓も不要品置き場にして
はいけません。部屋を彩るスペースと
して、季節の置き物1～2点を美しく
飾るのが吉です。冬の結露でいつの間
にかカーテンにカビが、なんてことに
ならないよう、窓ガラスやカーテンの
清潔を保つことも忘れずに。

運気アップ！ 3つのポイント

すっきり広い空間をキープ

ベランダには何も置かないのが基本。花や観葉植物の鉢植えを数個飾る程度にしましょう。出窓は彩りのためのスペースです。「とりあえず」と、古雑誌や手紙など置き場のない物を置いてはいけません。

細部まで掃除を

ベランダは、月に一度は水を流してデッキブラシをかけて清浄に。排水口やエアコンの室外機の下、窓の桟なども、古い歯ブラシでかき出すなどして掃除します。カーテンは半年に一度は洗濯し、窓や網戸も定期的にきれいにしましょう。

季節ごとに演出を変える

ベランダの花や出窓のカーテン、飾り物などをシーズンごとに取り替えるのがおすすめです。気分が上向きになって福運を呼び、定期的に見直すことで汚れをため込まない効果も期待できます。

よくないベランダ・出窓って？

ベランダ

大きな物置が窓をふさいでいる。
物がゴチャゴチャと置かれている。
ゴミ
エアコンの室外機が汚れている。
排水口に砂や枯れ葉がたまっている。
窓の桟にホコリがたまっている。
ガラス窓に手垢がついている。

出窓

ぬいぐるみがズラリと飾ってある。
カーテンにカビが生えている。
古雑誌や手紙などが山積みになっている。
すみにホコリがたまっている。

悪い気をいい気に変える

カンタン！模様替えアイデア

ベランダ
出窓

運気倍増！のプチ改造術

明るい気分になれるように ベランダや出窓を飾って

ベランダや出窓は、すっきり広々と保つことが基本。ですが、殺風景なベランダや暗い出窓では、陰の気が過剰になってしまいます。明るく温かみのある演出をしましょう。

ベランダには、季節の花や自分の五《ご》行《ぎょう》に合った花を数鉢置いてみて。枯れた花や葉はこまめに摘み、いつも美しく保つことが大切です。土で周囲が汚れたら、水を流して掃除しましょう。スペースに余裕があるなら、小ぶりの収納庫を置いても大丈夫。出しっぱなしになりがちな物を収納すれば、ベランダを広く美しく保つことができます。

出窓には、季節を感じさせる小物を飾るといいでしょう。できるなら、毎月飾り付けを変えたり、季節ごとにカーテンの色合いや生地を替えてみましょう。気分のリフレッシュだけでなく、カビやホコリの掃除にもなります。

1 五行に合った花を飾りましょう

ベランダには季節を感じさせる花を飾りましょう。自分の生年月日から割り出した五行に合った花を選ぶと、さらに吉です。

◎春（2/4〜4/17生まれ）
黄色い花が不安を取り除き、人との信頼を深めてくれます。黄色いスイセンやマリーゴールド、ヒマワリなど。

◎夏（5/6〜7/20生まれ）
白い花を飾ると、気持ちが純粋になり物事の決心がつきます。白いバラやパンジー、ヒヤシンス、ノースポールなど。

◎土用（1/17〜2/3、4/18〜5/5、7/21〜8/7、10/21〜11/7生まれ）
青い花が気持ちをほぐし、柔軟にしてくれます。青いワスレナグサやビオラ、ネモフィラ、ロベリア、ルピナスなど。

◎秋（8/8〜10/20生まれ）
背の高い可憐な花を飾ると、心に繊細さが生まれて恋の予感を感じるかも。アネモネ、ガーベラ、コスモスなど。

◎冬（11/8〜1/16生まれ）
赤い花が目に入るたびに、幸運のパワーをもらえます。赤いバラやラナンキュラス、ポピー、インパチェンスなど。

2 物置の設置

ベランダが広ければ、腰の高さ程度の収納庫を設置してもかまいません。部屋に差し込む光をさえぎらない場所に置きます。また、家の中に生ゴミをため込まないよう、フタ付きのゴミ箱を置くのも大丈夫。ただし、あくまでもゴミの日までの仮置き場。こまめに捨てることをお忘れなく。

3 床にマットを敷いて美しく

ベランダの床がコンクリートだと、殺伐として見た目にも美しくありません。そんな場合は、水はけを考慮されたベランダ用のウッドデッキやマットを敷き詰めてはどうでしょう。部屋の延長のように居心地のいい空間になります。ときどきマットをはずして、下を掃除するようにします。

4 毎月、飾るものを取り替えて

できれば毎月、出窓の飾りを変えてみましょう。季節の切花を活けたり、趣味で撮った写真を飾ったりと、気軽に楽しんでください。ただし、出窓は部屋の中にいる人のための場所。置き物は、外ではなく、中に向けて飾ります。

5 カーテンをシーズンごとに変える

カーテンは、出窓の印象を左右するだけでなく、夏は強すぎる日差しを抑え、冬は冷たい外気の侵入を防ぐという役割もあります。季節に合ったカーテンを使いましょう。

コーナー別アドバイス

廊下・天井・階段

重要な脇役、気の通り道
すっきりとさせて
明るく広々とした空間に

廊下や階段は、玄関から入ってきた気の通り道。軽視していては全体運が下がるのでご注意を。

理想は、すっきり広々として気が通りやすく、心地よい明るさがあり、換気がきちんとされ、ホコリのない清浄な空間。廊下や階段に段ボールや過剰な装飾品、出しっぱなしの上着といった雑多な荷物が置いてあると、気の流れがそこで滞ってしまい、玄関からいい気が入ってきても、家のすみずみまで行き渡りません。それどころか、薄暗く陰気な廊下、すみにホコリのたまった階段では、悪い気が淀んでしまいます。荷物は収納場所にきちんと片付け、こまめに掃除しましょう。

また、壁よりも天井の色が濃いと、圧迫感や息苦しさを感じる原因に。「天清地濁」という言葉どおり、床よりも壁、壁よりも天井の色が明るいほうが全体運が高まります。

運気アップ！ 3つのポイント

廊下はすっきり明るく

廊下には何も置かないこと。廊下が広く寂しい雰囲気になってしまうようなら、絵画などの額を１～２点壁に飾る程度にしておきます。また、暗い廊下はいい気が通れないので、間接照明などで明るくします。

天井は淡い色合いが吉

天井が低かったり色が濃いと、圧迫感が生じて住む人の発展をはばみます。天井の壁紙を張り替えるか、明るい色の紙や布を貼って調節しましょう。また、天井や壁の上のほうについたホコリも見逃さずに掃除します。

階段はこまめに掃除を

階段のすみは、掃除が行き届かずにうっすらとホコリがたまりがち。モップや雑巾などを使って取り除きましょう。また、階段の途中に窓がある場合、閉めきっているのは好ましくありません。窓を開けて換気しましょう。

よくない廊下・天井・階段って？

低くて息苦しい。
薄暗くて陰気な雰囲気。
途中の窓を閉め切っている。
床より天井のほうが濃い色。
すみにホコリがたまっている。
物がゴチャゴチャ置かれている。
玄関の上がり口をふさぐように上着やコートがかけてある。
玄関のすぐ前に階段がある。
golf
みかん

廊下 天井 階段

運気倍増!のプチ改造術

好ましくない建築でも模様替えと掃除で開運!

悪い気をいい気に変える
カンタン!
模様替えアイデア
Before
After
1
2
3

もし、天井の低い家に住んでいて成績や業績が伸び悩んでいるとか、廊下や階段がどう工夫しても陰気な雰囲気で運もよくないというのであれば、模様替えで対策を立てましょう!

たとえば、天井が低く圧迫感がある場合は、壁と天井の壁紙を白い色のものに張り替えます。空間に広がりが感じられて、息苦しさがやわらぐでしょう。廊下が暗く陰気な雰囲気なら、間接照明を設置して明るさを補ったり、明るく華やかな色合いの絵画やリトグラフなどを壁に飾ってはどうでしょう。玄関のすぐ正面に階段があるのは凶ですが、上がり口に観葉植物を置くことで、よくない気を緩和できます。

また、模様替えまでしなくても、つねに清浄に保つことで悪い運気を抑えることができます。毎日掃除をして、家全体にいい気をめぐらせましょう。

1 階段の位置が悪いなら

◎玄関のすぐ前に階段がある場合

玄関の前に立ちはだかるように階段があると、お金を得るために苦労して働くことに。階段の上がり口に植物や照明を置いて、気を浄化しましょう。

◎家の中心に階段がある場合

家の中心に階段があると、仕事運に悪影響が。特にらせん階段は、住居には適しません。このような場合は階段の掃除をこまめにして、階段を清浄に保ちましょう。

◎玄関のすぐ外に階段がある場合

マンションなどで、玄関のすぐ外に階段があると、仕事で苦労をするとされて好ましくありません。玄関の外側に「八《はっ》卦鏡《けきょう》」（中央に鏡が埋め込まれた八角形の掛け物）を掛けて、気の流れを調整しましょう。下向きの階段があるなら凹面鏡を埋め込んだ八卦鏡を、上向きの階段があるなら凸面鏡を埋め込んだ八卦鏡をかけます。

2 廊下が暗いなら

気の通り道である廊下が暗い雰囲気だと、いい気が流れません。壁紙を明るい色に替えたり、間接照明を置いたりして明るさを補います。陽気なイメージの絵画や写真を飾ってもいいでしょう。ただし、多すぎるのは逆効果。1～2点でシンプルに演出します。

3 天井が暗いなら

天井の色が濃すぎて陰気な雰囲気になっているのは大凶です。天井の壁紙を明るく淡い色のものに替えましょう。明るい色の布や紙で覆うだけでも大丈夫です。ただし、鏡や光を反射するようなものを天井に取り付けてはいけません。天井は平坦なほうが、心が落ち着きます。

other 天窓が大きすぎるなら

天窓があるのは、採光や換気の面で吉です。ただし、大きすぎてまぶしかったり暑くなったりするのは凶。陽の気過多で災難にあわないように、ロールスクリーンや布などで覆って、光の調節をしましょう。

COLUMN

部屋探しにも風水術を取り入れる

引っ越しして家を住み替えることは、風水的に吉です。けれど、立地条件によっては悪運を招いてしまうケースもあるので、注意が必要です。

陰の気が強い土地は健康運や全体運に悪影響を及ぼす場合があるので、避けたほうが無難でしょう。たとえば、病院や寺、墓地の近くやそれらが窓から見える部屋、刑務所の跡地、ため池の隣接地、変電所の近くや高圧電線の下、ゴミ焼却炉やゴミ置き場の隣接地、道路のカーブに面した場所、T字路の突き当りの土地などです。

また、周囲からの形殺《けいさつ》を受けていないか、玄関や窓から見える建物の形などをチェックしましょう。形殺とは、とがったものがこちらを向いているなどの、形の上での殺気のこと。表のような状況なら、カーテンや灌木の植え込みなどを利用して悪い気を遮り、悪影響を避けるようにしましょう。

形殺の例とその影響

形殺の種類	状況	影響
隔角殺《かくかくさつ》	向かいの建物の角が、玄関や窓に突き刺さるような位置にある	精神状態の悪化、計画の頓挫など
冲天殺《ちゅうてんさつ》	窓から工場などの煙突が見える	胃やのど、肺などの病気にかかりやすい
光射殺《こうしゃさつ》	向かいの建物の窓ガラスに太陽光が反射してまぶしい	軽い破財、ケガや事故
槍《そう》　殺《さつ》	1本の道路がまっすぐ玄関に突き当たっている	ケガ、病気、手術など身体に悪影響が
頂心殺《ちょうしんさつ》	玄関の前に背の高い樹木や電柱、枯れ木がある	事故やケガに遭う。枯れ木がある場合は家運が低下して貧しくなる

Part 3

開運テーマ別アドバイス

開運テーマ別アドバイス

恋愛運

過去のものを捨てて新しい恋に出会う！

新しい恋愛運を呼び込むには、過去のしがらみを断つことが必要です。家の中を徹底的に片付けて、不要なものは捨ててしまいましょう。

あなたの過去の姿を表す古い洋服やパジャマ、使い古した下着は潔く処分を。特に、別れた恋人からのプレゼントや一緒に写っている写真をいつまでも持っていてはいけません。

さらに美の象徴であるバスルームをピカピカに磨きましょう。鏡をフェミニンに飾ったり、バスグッズをピンク系やローズの香りのものでそろえたりするのも恋愛運アップに効果的です。

また、寝室も重要。心身の疲れを取っていつも笑顔でいられるように、安眠できる環境を整えましょう。ベッドが沈みすぎたり狭かったりするなら、思い切って上質なベッドに買い替えてみては。寝室のファブリックをピンク系でまとめるのもおすすめです。

「桃花位」の見方

寅・午・戌年生まれ	東
巳・酉・丑年生まれ	南
申・子・辰年生まれ	西
亥・卯・未年生まれ	北

「桃花位《とうかい》」に花を飾ると素敵な恋がやってくる！

風水には恋愛運を高める「桃花位」という方位があります。この「桃花位」をきれいに掃除して花を飾ると、素敵な出会いを呼び込めます。ただし、花瓶に切花を活けることが絶対条件。未婚の女性は「土気」を多く浴びると婚期が遅れるので、鉢植えやミニ盆栽など土を使う花は避けましょう。造花もおすすめできません。活ける花の種類は、甘い香りのする花や自分が好ましく思う花がいいでしょう。左ページを参考に、自分の五行《ごぎょう》に合った花を選ぶと、招福効果が高まります。

古い靴が新しい出会いを阻む！

風水では、靴は女性にとっての男性を象徴します。古い靴をいつまでも持っているということは、別れた恋人に縛られて新しい恋愛ができないということ。古い靴はすぐに処分し、新しい靴を買いましょう。よく手入れをして、大切に履けば、新しい恋愛運を呼び込むことができます。

生まれた季節別 恋愛運アドバイス

夏

5/6 ～ 7/20
生まれ

丸い花瓶に純潔を表す白い花を

白いバラやヒヤシンス、ノースポールなどを丸い花瓶に活けて「桃花位」に飾りましょう。純粋な心で恋愛に向き合うことができます。インテリアは白やブルーなどのクールな色でまとめ、スチール製の家具などで金属を取り入れると魅力が高まります。

春

2/4 ～ 4/17
生まれ

黄色い花を陶器の花瓶に活けて「桃花位」に

黄色いスイセンやマリーゴールドなどを、陶器の花瓶に活けて「桃花位」に飾ると恋愛運アップが望めます。東北と西南をていねいに掃除して、インテリアに重厚感があり落ち着いた印象の家具を選ぶと、穏やかな魅力が高まるでしょう。

冬

11/8 ～ 1/16
生まれ

**情熱的な恋は
赤い花が呼ぶ**

冬生まれは冷静で知的な魅力を持つ反面、恋のテンションが上がりにくいタイプ。三角形の花瓶に花を飾りましょう。ピンクやエンジの花なら恋に積極的に、ワインレッドやパープルの花なら愛情深い恋愛ができます。

秋

8/8 ～ 10/20
生まれ

**細長い花瓶に
茎の長い可憐な花を**

秋生まれの魅力は、潔癖で決断力のあるところ。そこに可憐な花で繊細さをプラスすると、やさしい恋が訪れるかも。竹や籐でできた細長い花瓶にアネモネ、ガーベラ、コスモスなどの茎の長い花を飾るのがおすすめです。

土用

1/17～2/3、4/18～5/5、
7/21～8/7、10/21～11/7
生まれ

**薄いブルーの花を
ガラスの花瓶に活けて**

青いワスレナグサやビオラ、ネモフィラ、ロベリアなどの花を、ガラス製の花瓶に活けましょう。水栽培の植物も吉です。女性らしさを高めたいならベッドを北に、新しい出会いを求めたいならベッドを西に置きます。

恋愛運

願いごと別Q&A

恋愛に関する願いごとは人それぞれ。
風水術で恋愛運アップを！

Q 恋愛に積極的になりたい！

A

朝、起きたら窓を開けて

窓を開けない生活をしていると、心も閉鎖的になり、消極的で怠惰な性格に。部屋の中に外のフレッシュな空気を入れましょう！　自然のエネルギーをたっぷり取り込むことで、明るく開放的な性格になり、恋愛にも前向きになれます。

風景画や自然の写真を飾る

自分の部屋や寝室に窓がない場合は、風景画や自然の写真などを飾ってもいいでしょう。

Q 浮気心を抑えるには？

A

空の花瓶はしまいましょう

空の花瓶を出しっぱなしにしていると、浮気心を招きます。使っていない花瓶は目につかないところにしまいましょう。

玄関の小窓は閉めて

玄関の中に小窓がある場合、ひんぱんに開けると浮気心を呼び込んでしまう上に、その浮気がもとで散財する可能性も。すでに心が揺れているなら、窓は閉めて、ロールカーテンやブラインドなどでふさいでしまいます。

雄鶏の置き物を飾る

家の中に雄鶏の置き物を飾ると、恋愛トラブルを遠避けてくれます。

Q ケンカした彼と仲直りしたい！

A 暗い場所でひと晩眠る

家の中でもっとも陰の気が強い場所でひと晩寝てみてください。心が落ち着いて自分を反省する気持ちが強まり、相手を思いやって尊重できるようになります。そうすれば、あなたの彼に対する態度も謙虚になり、彼の気持ちもほぐれて自然に仲直りできるでしょう。陰の気が強いのは、薄暗くひんやりしていて静かな場所です。

Q 好きな人を振り向かせるには？

A 笑顔パワーで人気者に！

「笑う門には福来たる」の言葉通り、まずは清潔にして笑顔を絶やさないこと。自然と周りに人が集まって、人気者になれます。また、意地悪な人や競争する人などとの人間関係は運を落とすだけなので、遠避けてさっぱりと解消しましょう。

掃除で思いやりを身につける

家の中を徹底的に片付けてこまめに掃除していると、人への思いやりが細やかになり、好きな人にも気に入られるようになります。特に水まわりを熱心に掃除すると吉です。

Q 恋人と仲良く過ごしたい！

A 陽の気を抑えて

寝室の床がフローリングだと、陽の気過多になって口論やケンカの元。この場合、カーペットやラグマットを敷くと、ふたりの仲が落ち着きます。また、日当たりがよすぎても陽の気過多でNG。レースのカーテンなどで光を調節しましょう。

家具やベッドの位置を見直す

風水では、家具の角がベッドに向いているのは凶。寝室が殺伐としたムードになってしまいます。家具やベッドの位置を見直しましょう。

開運テーマ別アドバイス

仕事&学習運

デスクの環境を整えると仕事運のいい人になれる!

いい仕事をしたいと願うなら、気の流れをせき止めないこと。気が停滞すると、仕事運は発展しません。いい気がめぐり福運が集まるように、職場や家の環境を、明るく・広く・清潔で・陽気な場に整えましょう。

まずは、たっぷりといい気が流れるように、オフィスの出入り口や家の玄関の片付けを。そして、デスク周りの片付けと掃除を徹底します。失敗した仕事の書類をいつまでも持っていると、古い考えに惑わされて新しいチャンスを逃します。悪い運と一緒に捨ててしまいましょう。広々と整理されたデスクに向かうと、集中力が高まり理論的な考え方ができるようになります。

また、デスクを窓際に配置すると、ソワソワしてしまって効率がダウン。できれば壁に向かうように模様替えするか、ブラインドをおろして窓をふさぎましょう。

玄関(部屋の入り口)と「文昌位」の関係

玄関または部屋の入り口	文昌位
北	南
東北	西
東	西南
東南	東
南	東北
西南	北
西	西北
西北	東南

「文昌位《もんしょうい》」にデスクを置くと企画力が冴える!

仕事・学習運を上げるには、デスクの位置と向きがとても重要。「文昌位」にデスクを置くと、仕事の能率や創造力、学習能力が高まって、斬新なアイデアが浮かんだり、仕事が効率よくはかどります。資格試験などの学習にもいい運気をもたらすでしょう。「文昌位」は、家やオフィスの玄関、あるいは仕事部屋のドアの位置で決まります。

部屋の気が集まる「財気位《ざいきい》」(入り口の対角)にデスクを置くのも吉。たっぷり集まった気を吸収することで、頭の回転がよくなるでしょう。

成功した仕事の資料はとっておくのが吉

過去のものは処分して、デスク周りをすっきり広く保つのが開運の基本です。けれど、成功した仕事の資料には、いい運気がついているもの。主要な資料は残し、ファイルにまとめておくと、仕事運アップにつながるでしょう。

生まれた季節別 仕事&学習運アドバイス

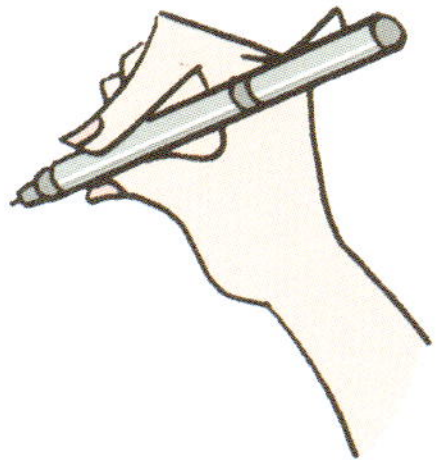

夏

5/6 ～ 7/20
生まれ

メタリックな文房具で集中力アップ

夏生まれは向上心が強く積極的。そこにメタリックな色合いのボールペンなどで「金気」を補えば、物事にじっくり取り組む集中力、合理的な判断力などが身につきます。行き詰まった考えをリセットしたいときは白いグッズをデスクの上に。

春

2/4 ～ 4/17
生まれ

陶磁器や大理石の置き物で穏やかな気持ちに

春生まれは生き生きとやる気に満ちていますが、やる気が強すぎてイライラすることも。陶磁器や大理石、水晶の置き物、イエローの文具などで「土気」を強めて穏やかな気持ちを保てば、人間関係がうまくいき、仕事運や学習運にも恵まれそう。

冬

11/8 ～ 1/16
生まれ

赤い色の文具類で積極性をプラス

冷静沈着な冬生まれは、赤いバインダーなど、赤い文具類を使うようにしましょう。テンションが高まって思い切りよく積極的に行動できるようになり、仕事の幅が広がります。机上に赤い置時計を置くのもおすすめです。

秋

8/8 ～ 10/20
生まれ

グリーンを取り入れてアイデア力をアップ

秋生まれは合理的で集中力があるので、仕事運・学習運にはもともと恵まれています。観葉植物を飾ったり、グリーンの文房具を使うとさらによいでしょう。疲れが癒えて、創造性の高いアイデアが浮かびます。

土用

1/17～2/3、4/18～5/5、
7/21～8/7、10/21～11/7
生まれ

黒やネイビー、ブルーで心を柔軟に

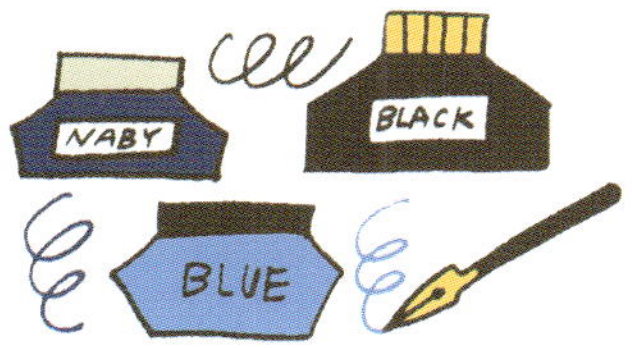

懐が深く、落ち着きのある土用生まれですが、ちょっぴり頑固な一面も。デスク周りは黒やブルー系をポイントに使い、「水気」を強めましょう。心が柔軟になり、周囲の手助けを受けやすくなって仕事運が上昇します。

願いごと別Q&A

人間関係から職種選びまで、仕事や学習に関する願いを実現。

Q 上司のおめがねにかなって出世したい！

A

西北の位置を徹底的に掃除

社長などの権威を象徴するのは、西北の位置。徹底的に掃除しましょう。

大型家具は部屋の後方に

キャビネットや書棚などの大型家具は、部屋の後方（出入り口の反対面）に置きましょう。社会的な後ろ盾、つまり上司や目上の人から引き立てられる運気になります。

東の方位に龍の置き物を

玄関または東の方位に龍の置き物を飾ると、運気が高まります。小さな盃に水を入れて龍の前に置くのが理想的です。

Q いじめやセクハラをなくしたい！

A

トイレ掃除が吉を呼ぶ

対人トラブルを解消するには、自らすすんでトイレや玄関前の掃除をしましょう。謙虚な気持ちが育まれ、自然と人間関係が穏やかになっていきます。

靴の整理で誹謗中傷を遠避ける

ゴシップなどで悩んでいるなら、靴をきれいに片付けて。オフィスの机の下にサンダルや通勤靴が出しっぱなしだったり、家の下駄箱が靴でいっぱいだと、仕事の場で誹謗中傷を受けやすくなります。

玄関の外にサボテンを

意地悪な人や嫌いな人に振り回されているなら、家の玄関の外にサボテンを置くと、邪気を吸い取ってくれます。

Q 転職を成功させたい！

A

古新聞、古雑誌は捨てる

家の中に、古いもの（＝過去のしがらみ）をためこんでいては、新しい道に踏み出せません。特に、古新聞や古雑誌は凶。新しい転職情報やチャンスを逃がしてしまいます。すぐに処分しましょう。

「いつか使うかも」は禁句に

いつか使うかもしれないからと、空き箱や袋をためる習慣はすぐに改めましょう。3年着ていない服や2年以上履いていない靴なども処分します。捨てにくければリサイクルに出してもいいでしょう。

Q 仕事環境を改善したい！

A

**玄関の掃除で
人間関係を改善**

忙しくて余裕のないときほど、玄関を掃除してみて。人間関係が改善され、同僚や上司のサポートを受けやすくなります。また、気の出入り口である玄関を清浄に保つことで、運気がぐんと高まります。

**玄関のすぐ前に
階段があるなら**

玄関を入ってすぐに階段があると、お金を得るのに苦労して働くようになります。階段の上がり口に観葉植物を置いたり、階段の照明を明るくし、気を浄化しましょう。

Q 仕事や勉強が行き詰まっている

A

ゴミとともに悪運を捨てる！

行き詰まったときはどっさり物を捨てるのが一番です。生ゴミや資源ごみ、古雑誌や古新聞、空き箱や紙袋など、捨てられるものは一気に処分しましょう。

家中の窓を全開に

窓を開け放って換気をし、気の入れ替えを徹底しましょう。カーテンを新しいものに変えるだけでも、気分と頭、運気がリフレッシュできます。

「水気」グッズで判断力アップ

知性の気である「水気」グッズをデスクに置きましょう。判断力がアップし、行き詰まり解消に役立ちます。魚など水を連想させるガラス製の置き物が吉。

開運テーマ別アドバイス

健康&美容運

キーワードは換気・癒し・睡眠

健康・美容運を高めるには、湿気対策が重要です。湿気が体にたまると「湿邪《しつじゃ》」の状態になり、気うつ、だるさ、むくみ、湿疹などの原因に。1時間に1回は窓を開けて換気をし、押入れなどの扉も1週間に1回は開け放つようにしましょう。

五行《ごぎょう》の「木気」を象徴する自然素材、グリーン系の色、長方形やストライプ、細長い形、葉や花の模様などのインテリアを取り入れるのも吉。癒し効果が得られてストレスを解消してくれるので、健康・美容運が高まります。

また、健康も美容も、まずは質のいい睡眠をとることが第一。寝室はシックな色合いで統一し、必要なものだけを置きます。圧迫感を感じさせる大型家具、ガラス製の置き物や小さなぬいぐるみなど細々したものは避け、天井の梁やペンダントライトの下では眠らないようにしましょう。

体の各機能を高める方位を掃除しましょう！

心臓に相当するのは南、胃に相当するのは西南か東北といった具合に、風水では、それぞれの方位と体の各器官の働きとが対応していると考えます。もし調子の悪い臓器があったら、それに対応する方位を徹底的に掃除し、清浄に保ってください。方位は、家の中心からみた方角をさします。

その方位がきれいに片付いたら、各器官の働きを強化するのに効果的なアイテムを飾りましょう。体調が改善されてやる気がわき、健康・美容運だけでなく、全体運がアップします。

各機能を高める方位とアイテム

体の機能	方位	アイテム
肝臓・胆のう、目、神経	東、東南	水槽や浄水器などの循環している水
心臓、小腸、循環器	南	観葉植物、切花などの植物
脾臓、胃、膵臓、消化器	西南、東北	赤い布を張るか、赤い照明で照らす
肺、大腸、皮膚、呼吸器	西、西北	白水晶や黄水晶などの鉱石
腎臓、膀胱、歯、生殖器	北	金属製の風鈴、古銭、銅製の置き物

壁をきれいに掃除すると美肌になる！

肌荒れが気になる、肌の調子がイマイチという人は、壁の汚れを見直してみて。風水では、壁は皮膚に相当します。壁に手垢やホコリがついていませんか？　定期的に掃除をし、美しい壁と肌を保ちましょう。

生まれた季節別 健康&美容運アドバイス

春

2/4 〜 4/17
生まれ

**落ち着きのある
部屋で暮らして
運気アップ**

あれこれ気を遣いすぎたり、イライラと怒りっぽかったりしませんか？ストレスからくる胃の不調や肌荒れが心配されます。安定感のあるソファやイエローのカーテンなどでコーディネートした、落ち着き感のある部屋ですごすようにしましょう。

夏

5/6 〜 7/20
生まれ

**目立つところに
白く丸い物や
金属製の小物を**

体力を忘れて情熱的に活動するので、体がほてりやすく汗っかき。発熱や目の充血、頬の赤みや汗による化粧崩れも気になるところです。白く丸い物や金属製の小物を目立つところに置くと、心身ともにクールダウンできます。

土用

1/17〜2/3、4/18〜5/5、
7/21〜8/7、10/21〜11/7
生まれ

**水をイメージしたもので
考え方・体調を整える**

季節の変わりめに食べすぎて太ったり、逆に食欲不振で肌がカサつく、だるいなどの症状が出やすい傾向にあります。水が環流する水槽や、水をイメージした絵や写真、クリスタルの置き物などで健康運をアップしましょう。

秋

8/8 〜 10/20
生まれ

**体調不良や肌荒れに注意
花に親しんで安眠を**

負けず嫌いで徹底主義なところがあり、物事が思うようにいかないと、ストレスがたまって眠れないときも。ヒーリングカラーであるグリーンをインテリアに取り入れ、花や観葉植物に親しむように心がけましょう。

冬

11/8 〜 1/16
生まれ

**興奮作用や保温効果のある
赤をインテリアのアクセントに**

体も精神も丈夫でふだんは何の心配もありません。ただ、冬になると冷えやだるさ、むくみなどに悩まされるので、インテリアに赤を取り入れて血行をよくしましょう。ろうそくの灯りやキャンドル型の照明も吉です。

願いごと別 Q&A

風邪やストレス、目の疲れなどのちょっとした不調には風水ケアを。

Q ストレスを解消したい！

A

換気、日光、植物の3つがカギ

まずは家中の窓を開けて、気を入れ替えることを習慣に。そして陽の気を持つ太陽光をたっぷり取り入れるか、照明を明るくして陽の気を強めましょう。観葉植物を置くのも吉です。

山のエネルギーを取り入れる

風水では「健康を得るには山に寄れ」と言い、山のエネルギーに触れると心身ともに健康に近づくとされます。休日には山登りやハイキングを楽しみましょう。

Q 風邪を引きにくくするには？

A

玄関を徹底的に掃除

風水では家の各部分と体の各器官が対応していると考えます。口や鼻に相当する玄関を徹底的に掃除しましょう。また、家の外壁をきれいにすると、免疫力がアップします。

北側の窓やベランダに注意

寝室に北を向いた窓やベランダがあると冷たい空気が入り込み、風邪を引きやすくなります。寝室を移動させるか、せめて頭を北に向けて寝るのはやめましょう。

Q 若さを保ちたい！

A

北の方位をきれいにする
家の中心からみて北の方位は、免疫力や腎機能、若さに関係が深いところ。ここをきれいに掃除していれば、肌のみずみずしさが保てます。

寝室、バスルーム、トイレの位置にご注意
若さを保つには、寝室を北側の部屋にするのが吉。逆に、北側のトイレやバスルームは凶です。今以上に徹底的に掃除してください。

北の方位を飾って若返り
アンチエイジングには、白い切花や水栽培の植物、金属製の飾り物や風鈴、水槽などが効果的です。北の方位に飾りましょう。

Q 仕事疲れを取りたい！

A

パソコン仕事で目が疲れる
目や神経に相当する東や東南の方位に、「水気」を強める水に関するものを置いてみてください。水槽や電気ポットなど、循環している水が吉です。

「懸針殺」にご注意
デスクが天井の梁の下にあると、「懸針殺《けんしんさつ》」になり、健康・仕事運が低下してしまいます。デスクを移動するか、布や紙で梁に目隠しをしましょう。

Q 胃や腸の調子をよくするには？

A

西南と東北を片付ける
胃の調子が悪いときは、胃に対応する西南と東北の方位を徹底的に掃除します。すっきり片付いたら、赤い布か照明を置いて、胃の働きを活性化させましょう。

コンロは使うたびに掃除を
コンロが汚れたままだと、胃腸などの消化器系に悪影響を及ぼします。使うたびにさっと掃除をする習慣をつけましょう。

便秘がちで肌荒れも気になる
西と西北が大腸に対応する方位です。そこに黄水晶や白水晶などの鉱石を置き、「土気」と「金気」を活性化させましょう。便通が順調になれば肌荒れもおさまります。

開運テーマ別アドバイス

金運

まずは玄関とトイレ掃除の徹底からスタート!

金運アップの基本は、玄関とトイレの掃除です。

玄関は、いい気がたっぷり入ってくるように、つねにすっきりと片付けておくのが鉄則。「財を得るには水に寄れ」という言葉通り、玄関に水槽などを置いておくと、入ってきた気が水にとどまるので、お金を貯めることができます。ただし、水が汚れていると不当な方法でお金を得てしまい、悪運がついて回るので注意してください。

せっかくいい気を招き入れても、トイレから穢れた気がもれ出てくると、財気に悪影響が。便器は毎日ピカピカに磨き、フタは毎回きちんとしめるようにしましょう。

また、リビングの「財気位《ざいきい》」(入り口の対角)に、クーラーやストーブといった空気や熱を循環させる家電製品を置き、家の中の気のめぐりをよくすると、お金のめぐりもよくなります。

金運を招くインテリア

色	アイボリー、クリーム色、オレンジ、イエロー、ゴールド
素材	陶器、磁器などの土のもの
開運グッズ	ヒキガエルの置き物、金魚(絵や置き物でもよい)、バナナ

「土気」を強めたインテリアが財テク運をアップさせる!

五行《ごぎょう》の「土気」は、安定や信頼を高める気。「土気」を取り入れたインテリアにすると、財テク意欲が増して資産運用にひと役買ってくれることでしょう。

金運のいい家というのは、リビングに入ったときに太陽の光のような「明るい気」が感じられる家です。左の表を参考に、「土気」のラッキーカラーの中から明るい色を選んで、インテリアに取り入れましょう。さらに、高級感のある品のいい家具を選んで、リッチなムードの中に身を置くことも金運アップに効果的です。

玄関の外がみすぼらしいと金運が逃げていく!

金運は汚く陰湿なところを嫌います。あなたの玄関の外は片付いていますか? 雑然としていては、金運は家に入ってきてくれません。不要品や落ち葉などはきれいに片付け、すっきりと広く保つことが大切です。プランターに花を飾るなどして歓迎の気を漂わせるとさらにいいでしょう。

生まれた季節別 金運アドバイス

夏

5/6 ～ 7/20
生まれ

財布は丸みを帯びた形でメタリックな色に

金属の金具のついたスタイリッシュな財布や、キラキラ輝くキーホルダーがラッキーアイテム。シルバーやゴールド、パールといったメタリックな色合いや、ビーズやラメなどの光る素材も吉。丸みを帯びた形がおすすめです。

春

2/4 ～ 4/17
生まれ

イエローでベーシックな形の財布で金運アップ

イエローは春生まれに豊かさをもたらす色。財布や携帯ストラップなどは、イエローやマスタード色、落ち着いたブラウンなどにしましょう。ベーシックな安定感のある形の財布がおすすめです。

冬

11/8 ～ 1/16
生まれ

人工的で赤い色の財布が吉

思い切って赤やピンクの、華やかで活気が感じられる財布に変えましょう。素材は合成皮革やビニールのような人工的なものが吉です。キーホルダーや携帯ストラップには、三角形やピラミッド型のものを。

秋

8/8 ～ 10/20
生まれ

布製でグリーンの財布を

金運アップのカギは「木気」を表すグリーン。財布は、麻や綿などの布製のものが吉。和風のデザインや、エメラルドや翡翠、トルコ石などを飾りに取り入れたものもおすすめです。

土用

1/17～2/3、4/18～5/5、
7/21～8/7、10/21～11/7
生まれ

黒い小物がキーポイント

黒い財布が金運をアップさせます。陰の気が増すのでインテリアには好ましくない色ですが、財布や携帯ストラップ、キーホルダー程度の小物なら大丈夫。ネイビーブルーや濃いグレーなどもいいでしょう。

金運

願いごと別Q&A

収入が増え、宝くじに当選するかも？
金運アップの風水術、さっそく実践！

Q 収入を増やしたい！

A 「退財宅」にご注意

玄関、寝室、リビングという順に並んだ家は「退財宅《たいざいたく》」といって、どんなに身を粉にして働いても金運に恵まれません。寝る場所をほかに移してください。

玄関を入ってすぐにトイレがある

お金を得ることに苦労する間取りです。トイレの入り口に観葉植物を置いて、気を浄化しましょう。

キホンの掃除で金運アップ

玄関やトイレ、バスルーム、ベランダ、排水口が汚れていると、金運は上がりません。これらの掃除を徹底してください。

Q 無駄遣いや出費を抑えたい！

A 「洩財宅」に注意して

玄関からベランダが一直線に見通せる家は「洩財宅《ろうざいたく》」といってお金がすぐに出ていってしまいます。玄関とベランダの間にあるドアを閉めておくか、パーテーションや観葉植物を置きましょう。

財布や通帳は暗く涼しい場所に

財布や通帳は、寝室や仕事部屋のタンスやクローゼットなど、暗くて涼しい陰の気の強い場所に置くと散財を防げます。

リビングの陽の気を見直して

遊びによる散財を防ぐには、リビングの陰陽バランスが大切。カーテンで日光を調節する、ブルー系のインテリアにする、フローリングに落ち着いた色のラグマットを敷くなどして、陽の気を抑えます。

Q 宝くじに当選したい！

A 宝くじはいい気が集まる場所に保管

神棚か、なければリビングの「財気位」をきれいに掃除して、そこに宝くじを保管しましょう。金運が高まっていい結果が期待できます。

掃除で家全体の運気をアップ

宝くじの置き場に注意しても、玄関やトイレをはじめとする家全体が汚れていては、神棚や「財気位」にもいい運気がめぐりません。気をつけてください。

Q 資産運用に強くなりたい！

A キッチンの整理整頓を

散らかったキッチンでは、金運が弱まり、財産管理がうまくできなくなってしまいます。使った調理器具や食器はすぐに洗い、洗ったものはすぐに片付けるといった作業を習慣にしましょう。

グッズを飾って財運・金運アップ

水槽や水盆、金魚（絵や置き物でもよい）、バナナ、牡丹の花などが財運・金運アップに効果的。玄関やリビングの「財《ざい》気《き》位《い》」（入り口の対角）に置くか、神棚などに供えましょう。

Q お小遣いをアップさせたい！

A ドレッサーの整理整頓を

ドレッサーやコスメボックスが汚れているのはお金に無頓着、ゴチャゴチャしているのはお金の管理ができないことの表れです。古い化粧品が多いと無駄遣いも増えるので、使っていない化粧品はすべて処分を。

ドレッサーの位置にご注意

ドレッサーが天井の梁の真下にあると、お小遣いを得るのに苦労します。また、トイレの横にある場合は、恋愛関係による散財の可能性が。すぐにドレッサーの場所を移動しましょう。

COLUMN

九星にもとづいて運の悪い年を予測する

九星《きゅうせい》とは、一白《いっぱく》・二黒《じこく》・三碧《さんぺき》・四緑《しろく》・五黄《ごおう》・六白《ろっぱく》・七赤《しちせき》・八白《はっぱく》・九紫《きゅうし》という九つの星のこと。九星の起源は易学の法則を意味する９つの数字に聖人が名前をつけたことにはじまります。以来、方位の吉凶や風水の善し悪しを判断する際に用いられてきました。

九星では、五黄は大凶の星であり、その年の五黄がめぐる方位はよくないとされます。ですから、気の出入り口である玄関が五黄の方位にあたる年は、事故・ケガに遭ったり、対人関係のトラブルに巻き込まれる恐れがあります。できるだけ慎重に行動し、五黄除けの対策を施すようにしましょう。背の高い葉の茂った観葉植物を玄関に置いたり、ドアに金属の風鈴やドアベルなどを吊り下げましょう。玄関に金属製の麒麟《きりん》の置き物を飾るのも有効です。

とはいえ、あまり神経質にならなくても大丈夫。五黄は毎年順番にすべての方位をめぐるもの。長い人生の中では、どの家にもあまり運のよくない年があるものです。風水術を取り入れたきちんとした生活を続けていれば、平穏に乗り切ることができます。

玄関の位置と五黄がめぐる年

玄関の位置	五黄がめぐる年
北	2009年・2018年
西北	2014年・2023年
西	2015年・2024年
西南	2010年・2019年
南	2008年・2017年
東南	2012年・2021年
東	2011年・2020年
東北	2016年・2025年

Part 4

整理整頓して
もっとハッピーに！

ドレッサー

プライベート運のカギを握る

開運！3つのポイント

引き出しも鏡もピカピカ！

髪の毛やファンデーションの粉などで、ドレッサーやコスメボックスは汚れがち。「人に見せるわけじゃないから」と放っておくと、金運がダウンします。中身を全部出して、きれいに掃除しましょう。鏡の汚れは自分の魅力を半減させるので、汚れたらすぐに拭き取ります。

不要品を捨てすっきり整理

1年以上使っていないものや好みでないもの、流行遅れのものなどはすべて処分。必要な化粧品だけを整理・収納しましょう。出しっぱなしにはせず、化粧水なども使うたびに片付けます。パフやブラシは、スペアを用意してこまめに洗い、汚れがひどくなったら捨てましょう。

自分の部屋に置く

ドレッサーやコスメボックスは、プライベートな空間に置きましょう。でないと、自分のお金を他人に管理されるという事態に。また、トイレのドアとドレッサーが隣り合うのは凶。交際相手に貢ぐことになったり、結婚詐欺にあう可能性もあるので注意しましょう。

すっきり整理されていれば恋愛もお小遣いも大満足！

ドレッサーやコスメボックスは、自分しか使わないプライベートなもの。同様に、恋愛や自由に使えるお小遣いも、ごく私的なものです。だから風水では、ドレッサーと恋愛・お小遣いには密接なつながりがあると考えます。

ドレッサーは、一度中身を全部出して、髪の毛や化粧品の粉などをきれいに拭き取りましょう。試供品や1年以上使っていない化粧品、汚れたパフなどは処分。必要な化粧品だけを残し、仕切りケースなどを利用してドレッサーの中に定位置を作り、アイテム別に収納します。そして、使ったらすぐにしまう習慣をつけましょう。

また、ドレッサーを自分の部屋以外に置くと、お金を自由に使えなくなってしまうのでご注意を。特にトイレのドアの隣は、恋愛関係で散財してしまう可能性があるので、すぐにドレッサーの位置を変えましょう。

ハッピーになるドレッサー

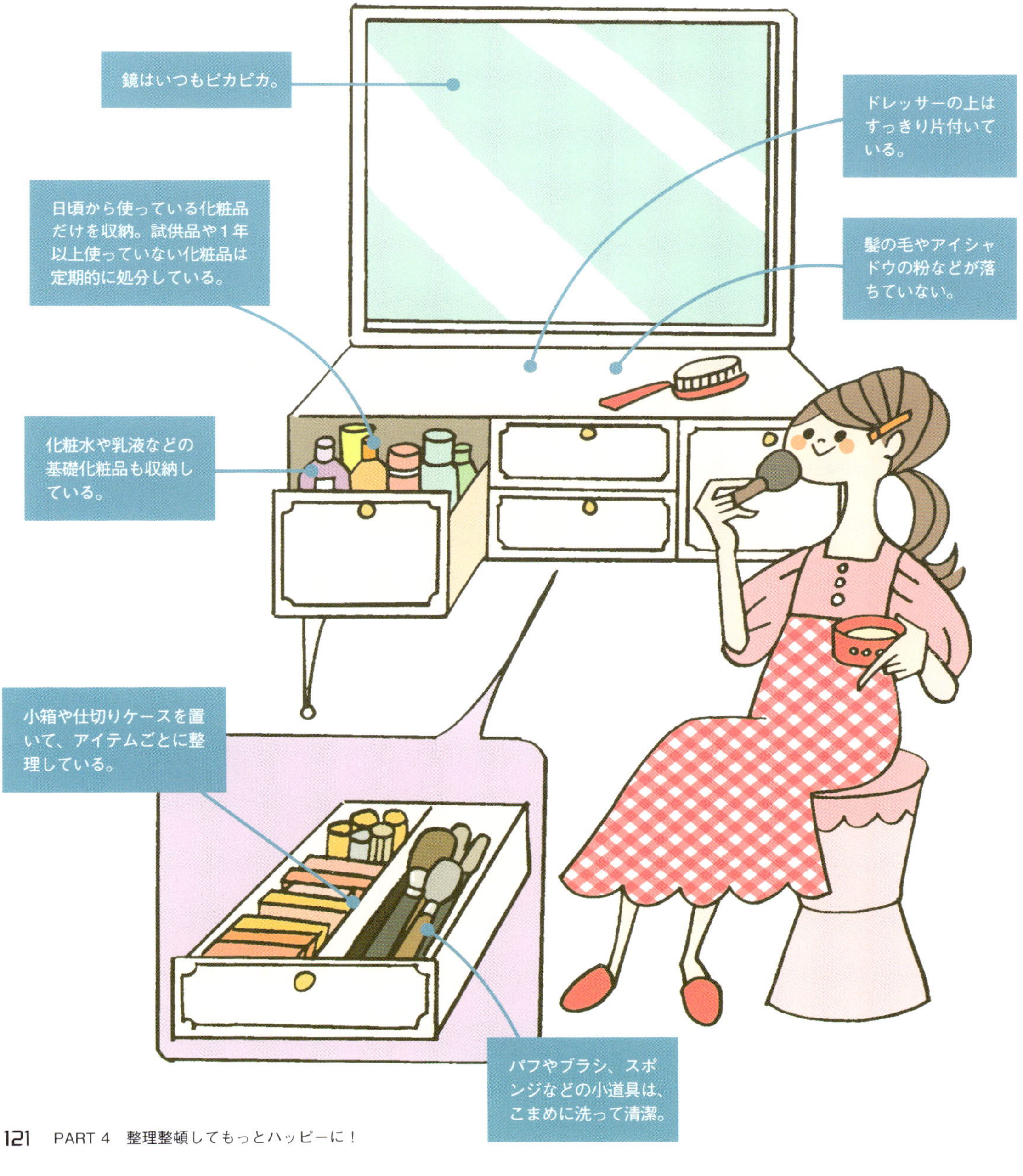
鏡はいつもピカピカ。

ドレッサーの上はすっきり片付いている。

日頃から使っている化粧品だけを収納。試供品や1年以上使っていない化粧品は定期的に処分している。

髪の毛やアイシャドウの粉などが落ちていない。

化粧水や乳液などの基礎化粧品も収納している。

小箱や仕切りケースを置いて、アイテムごとに整理している。

パフやブラシ、スポンジなどの小道具は、こまめに洗って清潔。

下駄箱

ていねいなケアで全体運アップ！

開運！ 3つのポイント

古い靴を処分する

靴は、あなたと縁のある男性を表します。磨り減った靴や安物の靴をたくさん抱え込んでいては、それに見合った男性としか出会えません。補修できないものは潔く処分し、数は少なくても高品質の靴を選んでていねいに扱い、下駄箱に余裕を持って並べるようにしましょう。

靴を整然と収納する

靴は爪先を手前にし、上段にサンダルなどの軽い靴、下段にスニーカーやブーツなどの重い靴を並べます。下駄箱に収まらない場合は、季節はずれの靴やふだんは履かないパーティー用の靴などを、紙箱に入れて別の場所に収納します。市販の収納グッズを活用してもいいでしょう。

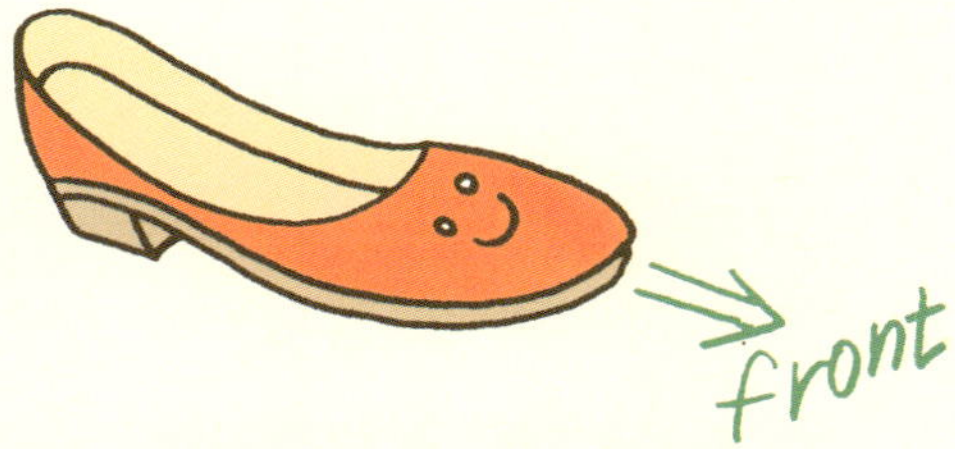

湿気・臭気をこもらせない

下駄箱に湿気や臭気がこもっていると、邪気が家の中に侵入してきます。炭や除湿剤、消臭剤などを置いて、下駄箱の空気を清浄に保ちましょう。履いた靴はよく乾燥させ、泥を落としてから収納します。少なくとも季節の変わりめには換気をし、靴のチェックと大掃除をします。

不要な靴を処分してから下駄箱の掃除と湿気対策を

玄関がすっきり片付いていても、下駄箱が汚ければ台無しです。下駄箱の中のような、人目につきにくい場所こそが運気を左右すると肝に銘じ、しっかりと掃除をしましょう。

まず、中の靴をすべて取り出して、本当に必要なのかを見極めます。2年以上履いていない靴は、思い切って処分。新しい運を呼び込むために、過去と決別しましょう。傷んだ靴は放置せずに、処分するか、きちんと補修します。靴べらなどの小道具類も、不要なものは処分して身軽になりましょう。

次に下駄箱の泥や砂を払い落とし、雑巾で水拭きします。靴は裏の泥をブラシで軽く落とし、爪先を手前にして、上段にサンダルなどの軽いもの、下段にブーツなどの重く、かさばるものを収納します。下駄箱は湿気や臭気がこもりやすいので、除湿・消臭剤などを置くのを忘れずに。

ハッピーになる 下駄箱

消臭剤や除湿剤を置いて、定期的に取り替える。
上段に軽い靴を収納。
余裕をもって収まる数の靴だけを、つま先を手前にして収納。
下駄箱に収まらない靴は、紙箱に入れて別の場所に収納。
boots
靴はすべてきれいに手入れされたものばかり。
棚板に土やホコリがなくきれい。
下段に重い靴を収納。

整理整頓して
ハッピーに！

ロッカー

ビューティー運につながる！

開運！ 3つのポイント

不要品を入れない

オフィスのロッカーに不要なものを入れると仕事運が、スポーツジムのロッカーを荷物の一時預かりスペースとして利用すると健康運やダイエット運が低下します。物を詰め込みすぎないようにし、空間に2割の余裕を持たせると、いい気がめぐりやすく開運につながります。

整然と機能的に片付ける

背の高いロッカーなら、衣類はハンガーに掛け、靴は棚の底板に、バッグは下段、化粧ポーチやタオルなどは上段の棚に収納します。小さいロッカーなら、衣類やタオル類はたたんで大きめのポーチなどに入れ、使用済みのシューズなどと一緒にならないようにしましょう。

除湿・消臭対策を

狭い場所に一度着た衣類を収納するため、ロッカーには湿気や臭気がこもりがちです。邪気が発生しないように、消臭剤や除湿剤を置きましょう。汗を吸ったものはこまめに持ち帰って洗濯し、清潔に保ちます。ホコリや髪の毛などの汚れも、定期的に取り除いて水拭きしましょう。

美しく整然としたロッカーはあなたの美を高めます

ロッカールームは、オンとオフを切り替える場所。職場でもプライベートでも、いい気を淀みなく流すための重要スポットです。また、ロッカーのように人目に触れない場所をきれいにすることで内面の美しさが高まり、ビューティー運がアップします。整理整頓し、必要なものだけを効率よく機能的に使うのが開運のポイントです。

オフィスのロッカーの状態は、仕事運や職場の人間関係に影響します。着替えや化粧雑貨、通勤のバッグと靴、折りたたみ傘など、必要なものだけを入れるようにしましょう。遊びに関するものを入れていると、仕事運が低下してしまいます。

スポーツジムのロッカーの状態は、健康運やダイエット運に直結します。Tシャツやタオルは、きちんとたたんで収納し、汗を吸ったものはこまめに持ち帰って洗濯しましょう。

ハッピーになる ロッカー

上段の棚にはタオルやポーチなどの小物を。
鏡はいつもピカピカ。
中段の棚には通勤に使うバッグを置く。
衣類はハンガーに掛けておく。
汗を吸ったものはこまめに持ち帰る。
消臭剤・除湿剤を置いている。
Tシャツなどはたたんで収納。
下段には靴を収納。

パソコン

データを整理して仕事運アップ！

開運！ 3つのポイント

デスクトップをすっきりさせる

デスクトップに大量のファイルやフォルダが並んでいるのは、机の上が乱雑なのと同じこと。不要なものは削除して、すっきりと整理しましょう。また、仕事で使うパソコンのデスクトップが遊び感覚の派手な画像だと、仕事運に悪影響が。落ち着いた印象の画像を選びましょう。

整理整頓のルールを作る

仕事の進行に合わせてフォルダを移すなど、自分のルールを作りましょう。古い資料はCD-Rなどに移し、つねにメモリに余裕があるようにします。1台のパソコンを仕事とプライベートの両方で使っている場合は、メールやフォルダが混在しないように、きっちり分けることが大切。

外観もすっきり美しく

パソコンのモニターやキーボードなどは、ホコリや手垢で汚れやすいので、こまめに掃除します。また、仕事で使うパソコンを派手なシールで彩ったり、メモ書きの付箋を貼る場所にしてはいけません。外観をすっきりさせ、仕事運がアップするようにいい気をめぐらせましょう。

ルールに従って作業すれば自然に仕事運が開ける！

パソコンの中が整理できているか否かは、仕事の効率を左右する重大なポイントです。仕事運を高めたいなら、きちんと整理整頓しましょう。

まずはデスクトップの片付けを。不要なショートカットやファイルは削除、関連するドキュメントはひとつのフォルダに収納し、すっきりとさせます。

次に、整理のルールを作ります。たとえば、メールは1日に1回チェックし、その場で返信。また、進行中の仕事の資料は〝進行中フォルダ〟に置き、終わったら〝終了フォルダ〟に移して3か月間など決めた期間を過ぎたら削除するか、外付けのメモリーに移す。マイドキュメントの中に、カテゴリー別にフォルダを作り、次々と放り込んで分けるのもおすすめです。こうすれば、いつでもパソコンの中が片付いており、頭の中もスッキリ。自然と仕事運が開けることでしょう。

ハッピーになる パソコン

work
終了→3ヶ月後に削除
work-1
work-2
進行中
work-3
private
音楽
写真
日記
20XX年
20XX年
デスクトップ上のファイルやフォルダは最低限の数に絞ってある。
メモ書きの付箋などは貼らない。
仕事の場にふさわしい落ち着きのある画像。
キーボードもモニターも汚れがなく清潔。
使っていないデータはCD-Rなどに移し、メモリに余裕がある。

林 秀靜（りん しゅうせい）

中国命理学研究家。十代の頃より東西の占術全般を学ぶ。1992年より、台湾や中国の老師に教えを仰ぐ。風水学をはじめ、中国相法、八字、紫微斗数などを幅広く修得し、1998年に独立。2008年、（株）桂香設立。現在は、専門学校で中国占術専任講師を務め、執筆、講演、鑑定、企業コンサルタントなどを精力的にこなし、テレビ、雑誌、ネット等マスコミでも活躍中。著書に『日本で一番わかりやすい四柱推命の本』（PHP研究所）、『おはらい風水』（泉書房）、『運がいい人の「整理・整頓」風水術』（宝島社）など多数。

●公式ホームページ　http://lin-sunlight.com/

デザイン　大谷孝久（CAVACH）
イラスト　青山京子
執筆協力　小林みどり
編集制作　株式会社童夢

はじめてのインテリア風水

2011年9月7日　発行

監　修　林 秀靜
発行者　佐藤龍夫
発行所　株式会社大泉書店
住所　〒162-0805 東京都新宿区矢来町27
電話　03-3260-4001（代）
FAX　03-3260-4074
振替　00140-7-1742
URL http://www.oizumishoten.co.jp
印刷・製本　凸版印刷株式会社

ISBN978-4-278-04049-4 C0039　R28